一看就懂！能源與地緣政治

40張資訊圖表，從化石燃料、減碳到再生能源困境，解析資源爭奪與區域競爭，如何牽動全球權力新賽局

Géopolitique des Énergies

能源地緣政治專家 伊曼紐爾・哈許 Emmanuel Hache ——著

姜盈謙——譯

目錄

004 前言

第一部 現今的全球能源概況

006
008　1　化石能源主導的世界
012　2　電力取得、資源分配不均與二氧化碳排放
016　3　資源的詛咒
020　4　能源安全：多重定義的概念
024　5　石油：能源之王還能稱霸多久？
028　6　再生能源：新興國家的崛起
032　7　水力發電：引起國際緊張關係的根源？
036　8　天然氣：過渡時期的能源選項
040　9　核能：展現國力的能源
044　10　煤炭的頑強時代即將終結？

第二部 誰是全球能源霸主？

048
050　11　中國：全球生態領導者的崛起
054　12　美國重返世界能源寶座

13	從歐洲綠色政綱到俄烏戰爭	058
14	印度是否為氣候峰會模範國家？	062
15	俄國在全球能源轉型中扮演什麼角色？	066
16	日本：能源市場的地緣政治參與者	070
17	沙烏地阿拉伯：進入轉型時代	074
18	波斯灣國家：介於衝突與能源轉型之間	078
19	非洲的能源發展走向	082
20	拉丁美洲的新興能源國家	086

第三部　能源市場的經濟與制度規範

21	石油輸出國組織：內部改組的必要性	090
22	全球能源市場治理的可能？	092
23	邁向綜合能源公司的時代	096
24	終結對化石能源的融資支持	100
25	國家石油公司：未來的市場主導者？	104
26	美元：能源市場的核心貨幣	108
27	全球能源交易所的中國化	112
28	石油危機是否已成歷史？	116

29	改變石油定價方式的影響	120
30	海運貿易：能源物流的薄弱環節？	124
		128

第四部　全球能源的未來視角與趨勢

31	忽略地緣政治的未來預測模型	132
32	北溪二號天然氣管線：全球地緣政治的縮影	134
33	俄中兩國將成為核能出口巨頭？	138
34	綠氫能源：二十一世紀的黑金	142
35	能源轉型原料：二十一世紀的黑金	146
36	創新與標準的地緣政治	150
37	東地中海天然氣：區域機會與戰爭	154
38	北極與南極：未來的衝突戰場？	158
39	「一帶一路」：經濟戰略背後的能源需求	162
40	邁向節約能源的地緣政治	166
		170

專有名詞對照表 174
參考書目 176
圖表與資料來源目錄 180

前言

分析能源議題，需要以地理學者的眼光理解可用的資源，從工程經濟學家的視角評估地緣政治新與價格變動，以及利用地緣政治學者的洞見解析權力動態、依賴關係與潛在的衝突機制。一直以來，能源形塑國家政策、重要地緣政治與地理區域間的關係，如今，能源的地緣政治正面臨深刻轉變。除了經濟層面的轉型（如市場自由化）、改治層面面的演變（資源民族主義回歸）與技術革新（非傳統碳氫化合物的興起等），21世紀的環境挑戰也造就了多重且複雜的地緣政治架構。

碳氫化合物（石油與天然氣）依舊是當代能源地緣政治的根本。儘管一些擁有豐富油氣資源的國家，儘管其全球經濟地位或人口數量處於劣勢，卻在國際政治舞台上握有極大影響力。在氣候緊急狀態升級的驅使下，能源邁入轉型階段，並逐漸翻轉過去「得地資源者得天下」的地緣政治邏輯。全球二氧化碳排放的41％來自電力產業，25％來自運輸產業，因此這兩大領域已成為眾多國家去碳化政策的優先對象。這一趨勢預期將在未來逐步降低化石能源在全球能源組合中的比例，進而掀起國際權力的大洗牌。全球能源轉型的過程，勢必將產生「贏家」與「輸家」。

在此背景下，技術面向的分析變得至關重要。儘管全球能源政策的推行效率目前不彰，全球仍然興起「技術替代」的趨勢（例如內燃機汽車被電動車取代、燃煤發電廠被多種再生能源*取代），此外各國也正積極發展新型能源載體如氫能。電氣化的能源使用可能徹底扭轉國際外交關係，進一步引起關於資源安全問題與電力技術新標準的討論。

在這項逐漸成形的能源新模式中，最具創新能力的低碳技術國家，以及掌握產業製造鏈的國家，將能以技術與製造優勢掌握市場主導地位。同時，擁有低碳技術*關鍵原料（如鈷、銅、鋰、稀土*等）的資源國家，也將握有關鍵籌碼。

這些所謂「戰略性材料」的需求預期將大幅增加，關於資源供給、供應鏈安全，以及將原物料作為外交手段，將再度成為眾所矚目的議

OO4 GÉOPOLITIQUE DES ÉNERGIES

題

對某些擁有豐富原料的非洲、亞洲與拉丁美洲國家而言，如果能避免重蹈 20 世紀「資源的詛咒」（指一個國家擁有豐富的天然資源，反而導致經濟發展遲緩、政治腐敗、社會不穩定的現象）的覆轍，能源轉型或許也成為發展的驅動力。從結構面來看，能源轉型的成敗，關鍵在於全球能否有效改善能源取得不均的現象。

對於石油與天然氣出口國而言，全球能源轉型迫使各國改變發展模式，並加快調整步伐。然而，這些國家因眼不上國際能源政策朝夕令改的趨勢，使得經濟轉型付出的成本更高。由於出口國高度依賴消費國，它們正處於前途未卜的時期。有些國家早在 1900 年代便已啟動轉型、轉向金融、觀光或工業發展；另一些則以再生能源、氫

能，或是地下豐沛的戰略資源，作為轉型經濟模式的基礎；但也有些國家，至今仍難以勾勒出具體的轉型藍圖。

不同於 2000 年代初期對再生能源轉型的美好想像——即可再生能源的發展，將緩解衝突、現今的能源轉型仍是一個建構中的領域，它帶來新的地緣政治競爭、地理紛爭，以及新科技與經濟的競逐。但是，氣候變遷的緊急狀態，迫使國際必須攜手合作。這項全球性的歷史挑戰，需要的正是新冠疫情期間國際社會所欠缺的要素：全球治理與跨國團結，而不是各國自掃門前雪。同時，加強政策的推廣，讓資源及文化，並確保每個人都有機會改善自身生活條件，方能成功實現兼具社會正義的能源轉型。

本書帶領讀者認識這個正在（重新）建構的能源世界：包含目前能源發展概況及要素；透過不同地理區域的案例，理解全球的能源強權，並延伸至相關參與者（如國際組織與企業）、經濟與制度上的規範，到前瞻性議題與新的關注焦點地緣政治也正在全面轉型。正如現今的世界，地緣政治也正在全面轉型。文中帶有星號的名詞定義可參見專有名詞對照表。

前言

005

第一部

現今的全球能源概況

1 化石能源主導的世界

2020年，新冠疫情與全球經濟衰退導致全球初級能源（primary energy）*的消耗量相較2019年下滑了4.5%。自1960年代以來，僅有地緣政治事件（如第一次與第二次石油危機）或經濟危機（如2008至2009年的金融風暴）才曾經短暫減緩或抑制全球能源消耗。但從長期的角度來看，全球能源消耗量仍持續上揚：從1965年至2020年增加了3.5倍，同期全球人口則成長了約2.5倍。

高度依賴碳的世界

即便全球正處於能源轉型的過程中，化石能源（石油、天然氣與煤炭）在全球能源消耗的比例中仍超過83%。1973年，即第一次石油危機爆發前夕，化石能源占全球初級能源消耗的比例高達93.5%，其中石油占將近50%。儘管石油的占比至2020年已下降至31%，它自1960年代初以來，始終是全球最主要的初級能源。石油的地緣政治重要性初級能源。石油僅因其儲量在全球分布極度不均，也因其牽涉眾多參與者（各國政府、能源企業、石油輸出國組織）錯綜複雜的策略互動。天然氣的情況則恰恰相反，其占比穩定上升：

2020年約占25％，相較1965年僅為17％。至於煤炭，這個曾引領工業革命的能源，在1965年比例約37％，直到1990年代末降至谷底，約25％。然而，中國與印度的快速發展使得全球煤炭需求攀升，在全球初級能源消耗中的占比回升至約27％。

低碳能源*（生質能源、風力、地熱、水力、核能*與太陽能）在全球初級能源消耗中的比例於1965年僅為約6％，而2020年為約17％。其中，水力發電*的比例自1965年起一直維持在約7％，為全球再生能源的主要來源。

目前全球有約58,000座高度超過15公尺的水壩，其中近75％分布在4個國家：中國（45％）、

美國（14％）、印度（9％）與日本（6％）。部分水壩引發生態與社會爭議（如居民遷徙問題），甚至成為跨境衝突的導火線。核能組合的去碳化，成為重要方向的0.9％，而2020年已達4.3％。在1965年僅占全球初級能源消耗的1970年代，為因應石油危機，核能工業曾迅速發展，但在1986年車諾比事件之後進入衰退期。

截至目前，僅有33個國家採用核能；然而，在初級能源年均消耗增長2.4％的情沉下，實際該面對的問題並非能源轉型，而是「能源疊加」（energy addition）的現象。這種能源疊加的趨勢，若未同步強化節能政策，將導致能源的地緣政治更加複雜——因為每一種能源都具備獨特的地緣政治屬性，及背後主導者的策略佈局。

能源疊加效應

為對抗全球暖化，全球能源以再生能源替代碳能源，成為重要方向。雖然已可觀察到替代型能源的使用趨勢，但能源組合中的占比雖在1965年以來呈爆炸性成長。

在能源組合中的占比雖在1965年的50％降至2020年的31％，但在1973至2019年期間，石油的消耗總量反而增加了75％。在全球初級能源年均消耗增長2.4％的情況下，實際該面對的問題並非能源轉型，而是「能源疊加」（energy addition）的現象。這種能源疊加的趨勢，若未同步強化節能政策，將導致能源的地緣政治更加複雜——因為每一種能源都具備獨特的地緣政治屬性，及背後主導者的策略佈局。

為了對抗氣候變遷，必須實現全球能源結構的去碳化。

要點

目前，化石能源（煤炭、天然氣與石油）仍占全球初級能源消耗的83%以上，構成了全球能源地緣政治的核心基礎。近數十年來低碳能源的發展呈現不同趨勢，其中間歇性再生能源（指有波動性而不可調度的再生能源，如風能與太陽能）成長尤為明顯。然而，這些能源同樣牽涉地緣政治與地緣經濟因素，預示著未來幾十年內，全球能源地緣政治格局將日益複雜。

焦點

能源轉型是一個多重概念，它包含兩大核心要素：一是以具競爭力的能源取代主要的初級能源；二是能源組合結構的逐步轉變。例如，在19世紀，工業革命促成了以煤炭替換可再生能源（尤其是生質能源）的轉型；而在20世紀，煤炭又被石油取代，成為全球主要的初級能源。從更宏觀的角度來看，能源轉型可視為一種能源生產與消費的結構性變革。不如說今日，其具明確目標——為對抗全球暖化，各國正積極規劃以再生能源取代碳能源的轉型路徑。除了技術與經濟層面，能源轉型也涉及社會、地域與行為層面等複雜因素，這些面向目前仍難以全面掌握。

全球初級能源消耗量（1965至2020年）

（單位：艾焦耳）

● 石油　● 天然氣　● 煤炭　● 核能　● 水力發電　● 其他再生能源

1973年占比
石油：49.3%
天然氣：17.3%
煤炭：26.8%
核能：0.9%
水力發電：5.5%
其他再生能源：0.2%

2020年占比
石油：31.2%
天然氣：24.7%
煤炭：27.2%
核能：4.3%
水力發電：6.9%
其他再生能源：5.7%

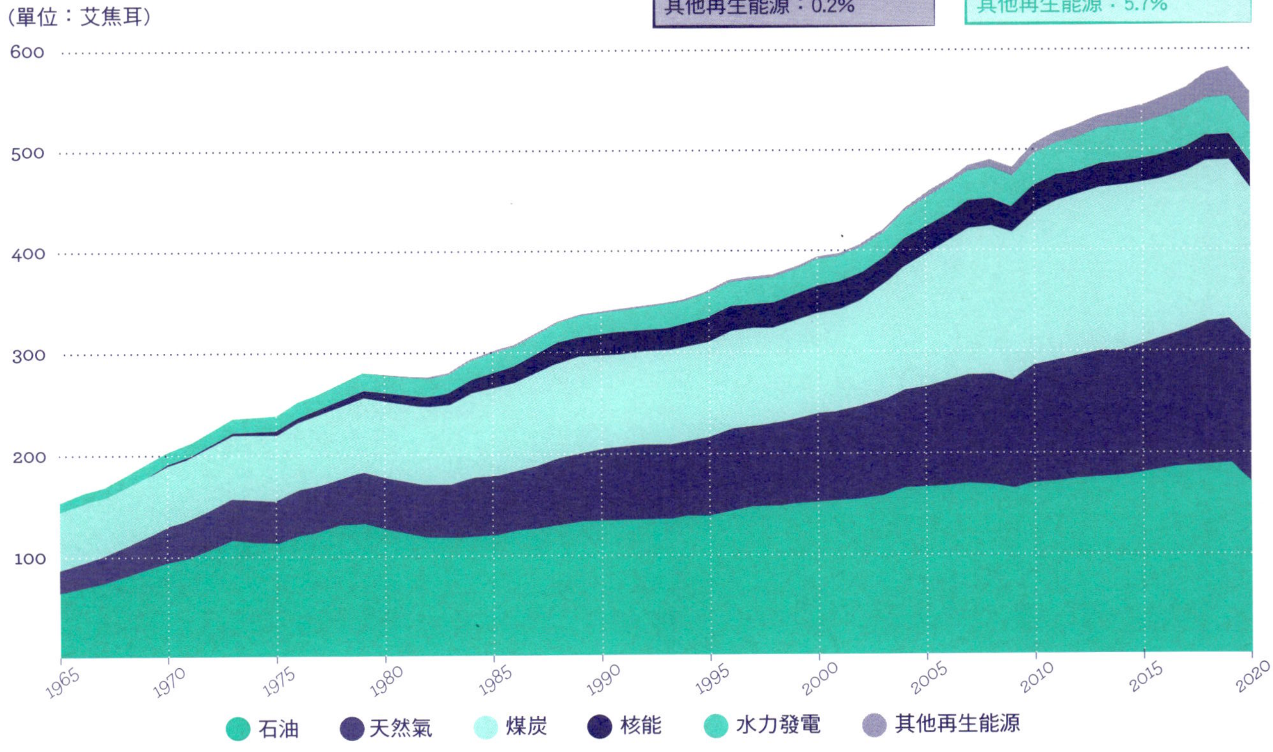

2 電力取得、資源分配不均與二氧化碳排放

聯合國 2030 年永續發展目標（Sustainable Development Goals, SDG）之一是人人皆能以可負擔的價格取得潔淨能源*。根據國際能源總署（International Energy Agency, IEA）、國際再生能源總署（International Renewable Energy Agency, IRENA）、聯合國經濟與社會事務部（United Nations Department of Economic and Social Affairs, UN DESA）、世界銀行（World Bank）以及世界衛生組織（World Health Organization, WHO）於 2021 年共同發表的最新報告指出，2010 年代期間，儘管有地區性的嚴重貧富差距，能源可及性仍大有斬獲。不過，由於現行政策缺乏針對性，再加上新冠疫情導致的經濟與財政衝擊，在 2030 年前可能難以達標。

電力普及率的提升

2010 年，全球約有 83 % 的用電人口，至 2019 年已提升至約 90%。無電人口則從 12 億下降至約 7.59 億。但是，新冠疫情造成約 3,000 萬人重新陷入缺電危機，

各國際組織預估直到2030年仍將有約6.6億人無法使用電力，這與聯合國設定的「提高能源普及率」目標相去甚遠。

除了撒哈拉以南非洲外，其他主要地區（如拉丁美洲、東南亞和東亞）的電力普及率已有明顯改善。撒哈拉以南非洲目前仍有約75%的無電人口（約5.7億人），更為嚴峻。儘管源源不斷的國際金援流向最不發達國家，相較之下，阿拉以南非洲）便資源不均的情況，僅有20%的國際金援

雖然非洲近年來電氣化發展有所改善，但仍被人口增長所抵銷。其中，單就奈及利亞、剛果民主共和國與衣索比亞三國合計，便約有2.2億人無法用電。

改局不穩或長期衝突地區的居民占整體無電人口一半以上（約3.64億人），凸顯出能源問題深受地緣政治與國內政的影響。此外，全球仍存在明顯的城鄉差距，目前約有85%的無電人口居住於農村地區。即使在2010至2018年間，全球用於發展潔淨能源的國際金援，已翻倍至約220億美元，但仍遠遠不足以實現目標。除了資金短缺，再加上未能援助最落後的國家（大部分為撒拉以南非洲）使資源不均的情況更為嚴重，僅有20%的國際金援流向最不發達國家，相較之下，阿根廷、印度、孟加拉、印尼、巴基斯坦與土耳其等國共獲得近30%的金援。這些金援資金。雖改善了電力覆蓋率（尤其是印度），但投入資金的有限也凸顯了最不發達國家必須付出更多努力，才能奠定經濟與社會永續發展的基礎。

全球前10%富裕人口製造的碳排放目前約占全球總量的50%。

二氧化碳的排放量背後的貧富不均現象

電力分配的不平等現象，從二氧化碳排放量中也可窺知一二。全球最富有的10%人口的碳排放占全球排放量近一半，而最貧窮的50%人口僅占不到12%排放。這些數據令人反思碳排的相關問題——它應從國與國之間、國內社會內部階級差距的角度來加以分析。

今日的「氣候不正義」還因為全球暖化帶來的多重衝擊而雪上加霜，包括：水資源壓力*、海平面上升、食安問題、人口遷徙，而首當其衝的對象，便是無法適應氣候變化、極度落後國家的低層人口。這些後果正威脅各國穩定，甚至可能成為引爆更多衝突的導火線。

要點

近十年來，全球能源普及雖大幅改善，但地區間的差距依然嚴重。全球約75%的無電人口集中於撒哈拉以南非洲地區。資金援助不足與資源分配不當，使得全球難以有效縮減能源不均，亦無法企及2030年全民用電的目標。此外，這類全球性資源不均現象，同樣反映在二氧化碳排放問題之中。

焦點

在1990年至2020年之間，二氧化碳排放量增加了超過50%（約占全球溫室氣體*總排放量的65%）。2020年，新冠疫情曾一度使全球排放量下降了5.4%，但2021年回升約5%，重新恢復至2019年的水平。從全球整體來看，由化石燃料燃燒所導致的二氧化碳排放，主要來自以下產業：電力（41%）、交通（25%）以及工業與建築（18%）。

就排放總量而言，中國是全球最大的二氧化碳排放國，占比約32%；其次為美國（12%）、歐洲（11%）、印度（7%）和俄國（4.9%）。然而，若換算為人均排放量，排名則顯著不同。卡達以每人每年27噸居全球二氧化碳排放量之首，其後依序為其他中東國家：阿拉伯聯合大公國（17噸/人）與沙烏地阿拉伯（14.2噸/人）。接著是美國（13噸/人）、俄國（11.3噸/人）與中國（6.9噸/人）。全球平均人均排放量約為4.67噸，而印度（1.55噸/人）與非洲地區（0.7噸/人）則居全球末段班。

2019年全球各國人口用電覆蓋率

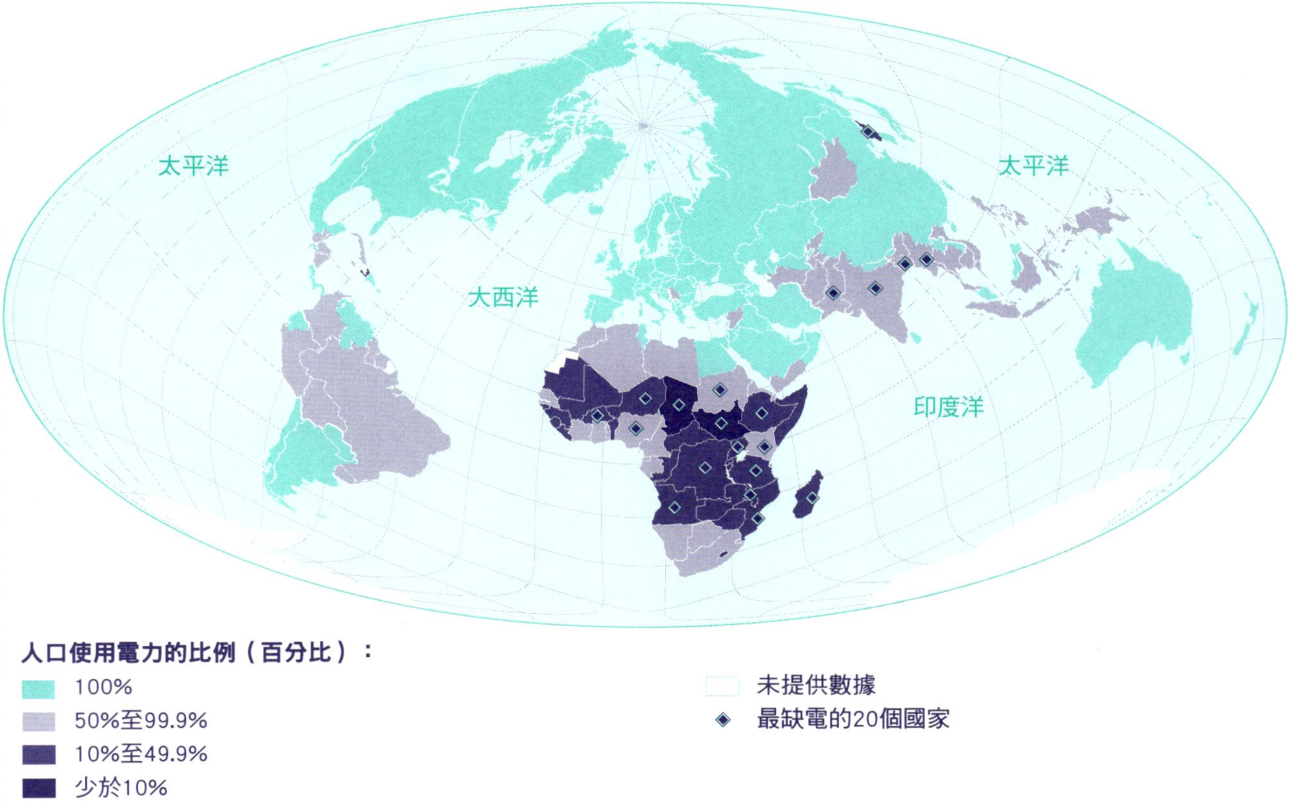

人口使用電力的比例（百分比）：
- 100%
- 50%至99.9%
- 10%至49.9%
- 少於10%

- 未提供數據
- 最缺電的20個國家

太平洋　大西洋　印度洋　太平洋

3 資源的詛咒

擁有自然資源常被視為是國家富足的象徵，亦是提升經濟實力的重要來源。原物料曾經奠定了英國在19世紀與美國在20世紀的主導地位，而世界各地爆發的各類衝突，確立這些資源在國際社會中的戰略地位。在1960年代，國際組織透過改策架構了一種發展模式，鼓勵各國透過原物料出口來創造經濟價值。然而，對全球許多地區而言，擁有自然資源（尤其是能源原料），不保障能帶動經濟成長。

荷蘭病與資源的詛咒

「荷蘭病」（Dutch Disease）這一概念最早出現在1977年《經濟學人》(The Economist) 的一篇文章中，用來描述荷蘭在1959年發現天然氣田，並在1970年代初開始大規模開採後的經濟現象。在當時能源價格高漲的背景下，荷蘭經濟卻反常地低迷不振（出現通貨膨脹、高失業率與去工業化等問題……）。這一現象的特徵在於：由於能源產品出口大幅增加，導致貨幣（荷蘭盾）升值，進而使其他非能源產業在國際市場上的競爭力下

O16　GÉOPOLITIQUE DES ÉNERGIES

消。此外，由於能源業的蓬勃發展吸引了大批資本與勞動力湧入，造成其他產業受到排擠。

荷蘭病反映了更廣義的資源的詛咒中的經濟問題之一。這一理論在1990年代初期被提出，挑戰了此一概念的學者指出，相較於資源匱乏的國家，自然資源豐富的國家經濟成長反而相對落後。這項看似違反直覺的經濟現象，主要可歸因於經濟與制度層面的因素。除了「荷蘭病」涉及的問題，另一個簡單明瞭的解釋是原物料價格在國際市場上的大起大落，這不僅造成出口收益的循環波動、財政預算問題，甚至讓經濟面臨劇烈動盪。

「食利型」經濟的陷阱與多元發展的必要

從制度面來看，資源豐富國家面臨更高的內部衝突風險，如內戰或政變。天然資源在許多情況下容易成為貪腐、掠奪與政權爭奪的對象，無論是來自國內的族群派系，或是外部勢力的干預，就國際標準而言，許多資源豐富國家的政治和行政體制發展不夠健全，政府通常傾向將資源租稅利益分配給特定族群或菁英階層，這些特權階級透過各項優勢（稅收減免、安插官位）鞏固權力，使得經濟改革停滯不前。最後一點，這種「食利型經濟體系」（rentier economy），普遍忽視人力資本的培育。

不過，並非所有資源豐富國家都會陷入這樣的困境，問題的關鍵不在於是否擁有資源，而在於資源在整體經濟中的比例與管理方式。若出口結構中高度依賴原物料，國內生產總值中資源產業比例過高，則

「食利型經濟體系」普遍忽視人力資本的培育。

國家更難以擺脫發展食利型經濟模式。經濟治理成效的關鍵變度，是決定資源出口占GDP或總出口比重高，這些具體措施如：以自然資源出口收益設立主權基金等機制，可避免經濟結構過於單一和受原物料價格循環波動影響，強化經濟結構，和不偏相特定產業資源的政策和教育系統，唯有如此，然資源才能真正轉化為帶動經濟與社會發展的正面力量。

要點

一個國家在能源資源上所擁有的要素條件（或更廣義的原物料資源），是國際上財富與影響力的關鍵基礎。然而，坐擁資源也可能導致經濟問題，甚至演變成依賴天然資源收益，導致經濟無法邁向多元化發展的弊病。若缺乏妥善的資源管理機制，國家可能會遭受所謂的「資源的詛咒」，對其長期發展造成負面影響。

焦點

挪威在 1970 年代發現石油田之後，該國國會於 1990 年成立了主權基金，或稱挪威政府養老基金（Government Pension Fund of Norway）。自 1996 年以來，挪威將國際市場上銷售石油與天然氣所獲得的出口收入作為基金。作為基金當今世界第八大石油出口國，挪威政府設立主權基金的目的，在於維持經濟穩定，抵禦石油價格波動所帶來的衝擊，同時為未來「後石油時代」預作準備。政府僅可以動用基金投資所產生的利息收益，不得動用本金。截至 2022 年 4 月，挪威主權基金為全球規模最大的主權基金。資產總值約為 1 兆 1680 億歐元。該基金已投資來自 74 個國家的近 9,000 間企業，並持有大量不動產。為安善管理資金，該基金僅投資具社會責任的企業，展現其對永續發展與企業倫理的高度重視。

[1] 食利型經濟體系：指資本主義體系中企業通過尋租利剝削獲取收益的現象。

人均國內生產毛額（GDP）、人口、能源出口占總出口比重與人類發展指數（HDI）：縱覽各國不同狀況

	人均國內生產毛額（美元）	人口數量（百萬）	能源出口占總出口比重（百分比）*	人類發展指數（HDI）排名**
阿爾及利亞	4,038	43,10	96	91
安哥拉	2,671	31,85	92	148
沙烏地阿拉伯	22,467	34,39	78	40
巴西	8,677	211,16	13	84
加拿大	46,219	37,52	24	16
埃及	3,165	100,50	26	116
阿拉伯聯合大公國	42,329	9,76	78	31
美國	65,004	328,73	13	17
伊拉克	5,926	39,44	100	123
伊朗	6,687	82,93	69	70
哈薩克	9,590	18,52	67	51
科威特	33,473	4,24	94	64
利比亞	8,016	6,77	95	105
奈及利亞	2,382	201,05	87	161
挪威	77,455	5,35	52	1
英國	42,144	66,91	7	13
俄國	11,748	144,61	52	52
委內瑞拉	6,099	28,48	98	113

* 能源產品占總出口比重（%）：依各國資料來源而定，年份為 2016、2017、2018 或 2019。
** 人類發展指數（HDI）為一項綜合指標，用以衡量一國在三個核心發展面向的平均表現：健康長壽、知識與生活的水準。（資料來源：聯合國開發計畫署）

4 能源安全：多重定義的概念

能源政策*涵蓋了各國政府針對能源領域所制定的法律與政策方向，以及這些政策對經濟各個層面與利害關係人的影響評估。儘管這些政策起初往往是為了因應該國的地理位置、能源資源分配、經濟結構特殊條件而制定，但實際影響已遠遠超出國界。在能源政策中，能源安全始終居於首要地位，因為須先確保能源供應穩定，才能維持國家經濟運作。自 20 世紀初以來，這一概念已不斷演進、逐漸納入新的經濟、地緣政治與環境挑戰。

由來已久的概念

歷史上，能源安全一度與「石油供應安全」劃上等號。兩次世界大戰促使各國開始關注如何取得、運送與確保石油資源的安全。自 20 世紀開始，石油已成為戰略性與地緣政治性的原料，並且一部分重塑了國際關係的結構，尋求能源資源的行動也成為外交核心議題之一。在區域層面，歐洲在能源領域中的國際合作關係尤具代表性——1952 年成立的歐洲煤鋼共同體（European

020 GÉOPOLITIQUE DES ÉNERGIES

與1957年的歐洲原子能共同體（Euratom），都是以能源為核心的區域整合起點。第一次石油危機喚醒了消費國對於能源依賴問題的警覺，也鞏固了石油在能源政策中的主導地位。自1970年代起，能源安全的討論逐步聚焦於石油供應安全，並透過推動替代能源策略強化了化石燃料產國的依賴。

隨著之後數十年的經濟條件（如市場自由化）與全球地緣政治格局的演變，能源政策越漸展現其多元與多面向的特性。到了今日，能源政策已涵蓋多項既相異又互補的範疇，包括：能源資源的可用性、能源運輸基礎設施的管理、價格水平的波動、能源可及性所產生的社會影響、能源管理能源效率*、研發與創新政策、科技應用與全球治理等。這些構成要素如今可統整為三大核心目標：物理與經濟層面的可及性、供應穩定性，以及社會接受度。此外，世界能源理事會（World Energy Council）提出的「能源三難指標」（Energy Trilemma Index）評估框架，用來衡量各國能源政策的表現，其三大指標為：能源公平與環境永續性。（見圖表）

環境議題的崛起與重要性提升，已大幅重塑了能源安全的概念。

氣候變遷與環境問題的崛起，已大幅改變能源安全的定義，並推動了全球能源政策概念的興起。儘管能源安全議題仍多由各國或區域主導，但「全民能源可及性」與「全球氣候變遷」則具有跨國性質，需透過國際合作共同應對。

自2000年代起，石油與天然氣生產國開始提出「需求安全」的概念，明確提出能源安全的一個新面向，即聚焦於能源轉型政策對經濟可能造成的不穩定性。此外，隨著可再生能源在全球能源組合中的比重上升，各國也越來越重視低碳技術背後所依賴的關鍵材料（如鈷、銅、鋰等），及技術供應鏈所據的市場影響力。

持續演變的概念

氣候變遷與環境問題的崛起，

要點

直到 1980 年代，能源政策——特別是能源安全議題——始終聚焦於石油供應問題。隨著國際地緣政治時局變化與全球能源邁入轉型，能源政策也持續演進。除了延續對能源供應與成本的關注之外，當前的能源政策已徹底將環境與社會面向納入評估的考量。

焦點

隨著低碳技術在電力與運輸部門的快速擴展，對各類金屬的需求（鋁、鈷、銅、鎳與稀土等）預計在未來數十年將持續增長。21 世紀將可能邁入新的「金屬世紀」，金屬價格將持續攀升。鑑於這些戰略性原料的供應問題可能危及國家的能源與氣候安全，各國政府紛紛制定出對產業至關重要的「關鍵原物料清單」。這些清單基於兩項標準建立「原料關鍵評估矩陣」：一是該原料對經濟的重要性（對 GDP 的貢獻程度），二是其潛在供應受限的風險。特別是由於原料集中於少數供應國，以歐盟為例，2020 年的「原料關鍵評估矩陣」已增至 30 項（相較於 2017 年的 26 項），新增的資源包括鋁土礦、鋰、鈦與鍶等。

022 GÉOPOLITIQUE DES ÉNERGIES

世界能源理事會的能源三難指標

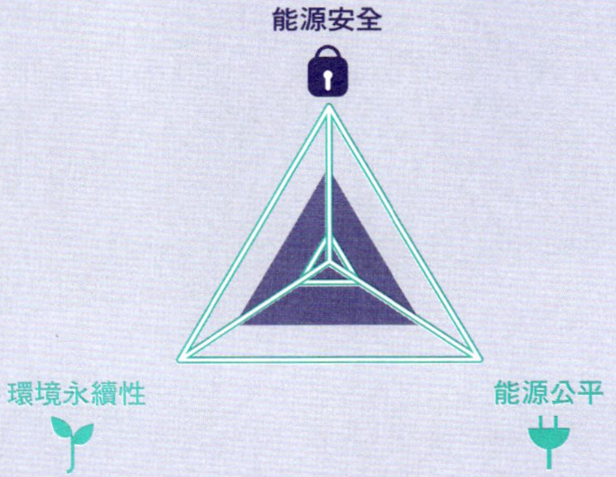

能源安全

衡量指標：
評估受評國家能否滿足當代與未來可預期的能源需求，以及能源供應對於外部衝擊的韌性與回應能力。

涵蓋範圍：
國內與國外的初級能源有效管理、能源基礎設施的可靠性與適應性

能源公平

衡量指標：
評估是否具備所有人提供可靠、可負擔、充足能源（家庭與商業用途）的能力。

涵蓋範圍：
基本用電與清潔、烹飪方式的普及性，以合理價格取得充足的能源，促進社會繁榮

環境永續性

衡量指標：
評估減緩並避免環境惡化與氣候變遷影響的能力。

涵蓋範圍：
能源生產與運輸的產能和效率、能源分配、去碳化程度與空氣品質

5 石油：能源之王還能稱霸多久？

石油是原物料市場上的核心指標。從它的歷史、主要參與者，以及自1960年代以來的各種變化，反映供應國與消費國之間的經濟與地緣政治關係。如今，人們擔憂石油將從「產量高峰」轉向「需求高峰」（預估將出現在2030至2040年之間）；此外，石油市場仍存在諸多未解議題。

石油儲量與產量的地理分布

目前全球石油儲量約為1,730億桶，且分布不均。主要集中在委內瑞拉（占17.5%）、沙烏地阿拉伯（17.2%）、加拿大（9.8%）、伊朗（9%）、伊拉克（8.4%）與俄國（6.2%）。中東地區擁有將近50%的全球儲量，而石油輸出國組織（OPEC）掌控近70%。自1990年代以來，由於非常規石油*（Unconventional oil）的開採，美洲地區的儲量增幅最大。若以已探明儲量與產量比*來看，不同地區差異甚大：據2020年的數據，全球平均可支撐50年的產量，但南美洲為150年、中東為82年，而歐洲僅有10年。

在2019年，全球每日石油產量逼近9,500萬桶，相較之下2003

年每日產量只有 8,000 萬桶，而市場則由美國、俄羅斯與沙烏地阿拉伯三強鼎立。由於美國非常規石油的產量大幅上升，令全球石油市場在2000 年歷經了一場變革。2012 至2019 年間，美國石油產量翻倍，重返全球最大生產國，改變了石油地緣政治。這場革命雖讓美國改善了自身的能源安全，卻同時動搖了全球石油市場的權力平衡。儘管美國仍維持一定石油進口量，但現今已降至自 1954 年以來最低水準。這一轉變也使人重新思考美國自 1945 年《昆西協定》（Quincy Pact）以來對中東政策的延續性。與此同時，中國作為一個高度仰賴能源進口的國家，積極拓展與中東各國的經濟與外交關係，簽署多項協議，但目前尚無明確的安全承諾。中國既不打算眼美國

直接硬碰硬，爭奪在該區域的戰略地位，也無意取代之成為軍主導力量。美國的能源革命也促成了 OPEC 與十個非 OPEC 會員產油國（如俄國）在 2016 年開始建立合作機制，形成「OPEC +」，如今掌握全球約 50% 的石油市場份額，影響力已超越 OPEC 本身。

產量高峰？還是需求高峰？

自 1970 年代以來，市場一直擔心全球產量可能達到高峰，導致短缺，但近年來，疫情與能源轉型的加速，凸顯出未來可能出現的「需求高峰」現象，尤其是伴隨著電氣化的推動。目前，交通運輸產業占全球石油消耗的逾五成。

2020 年，國際能源署即指出此一可能性，而英國石油公司（BP）甚至預測全球石油需求將無法再回到 2019 年水準。OPEC 亦預估需求高峰將落在 2040 年。新冠疫情強化了各界對市場風險的警覺，也突顯產油國要加快經濟多元化的必要性。儘管如此，全球石油需求的預測仍顯示消費行為尚未出現重大改變，反映出人們仍深深依賴石油。

自 21 世紀初以來，美國改變了石油地緣政治。

要點

石油市場依然深受地質條件影響——中東與 OPEC 分別擁有全球 50% 和 70% 的儲量。2010 年代見證了美國掀起的非常規石油革命，促使 OPEC 必須擴大與其他產油國（如俄國）的合作關係。同時，中國也在此背景下強化其於中東地區的存在與夥伴網絡。

焦點

地球物理學家馬里昂・金・赫伯特（Marion King Hubbert，任職於殼牌石油）在 1950 年代提出了著名的「石油峰值理論」。他指出，每個油田的生產會隨時間出現一個高峰，之後將迅速衰退。他準確預測美國的產量在 1970 年代達到高峰，北海油田則在 2000 年初。此理論後擴展至全球，一般認為傳統石油的產量高峰已在 2008 年出現，而這一事實也獲得國際能源總署的確認。雖然非常規石油（如超重油、油砂、頁岩油與緻密油田）的開採延遲了抵達全球總體產量高峰的時間，但問題是：還能拖延多久？

[1] 1945 年美國總統羅斯福與沙地阿拉伯國王在美艦「昆西號」上達成的非正式協議。詳情請見第 12 章。

已探明的石油儲量（按地區分布）

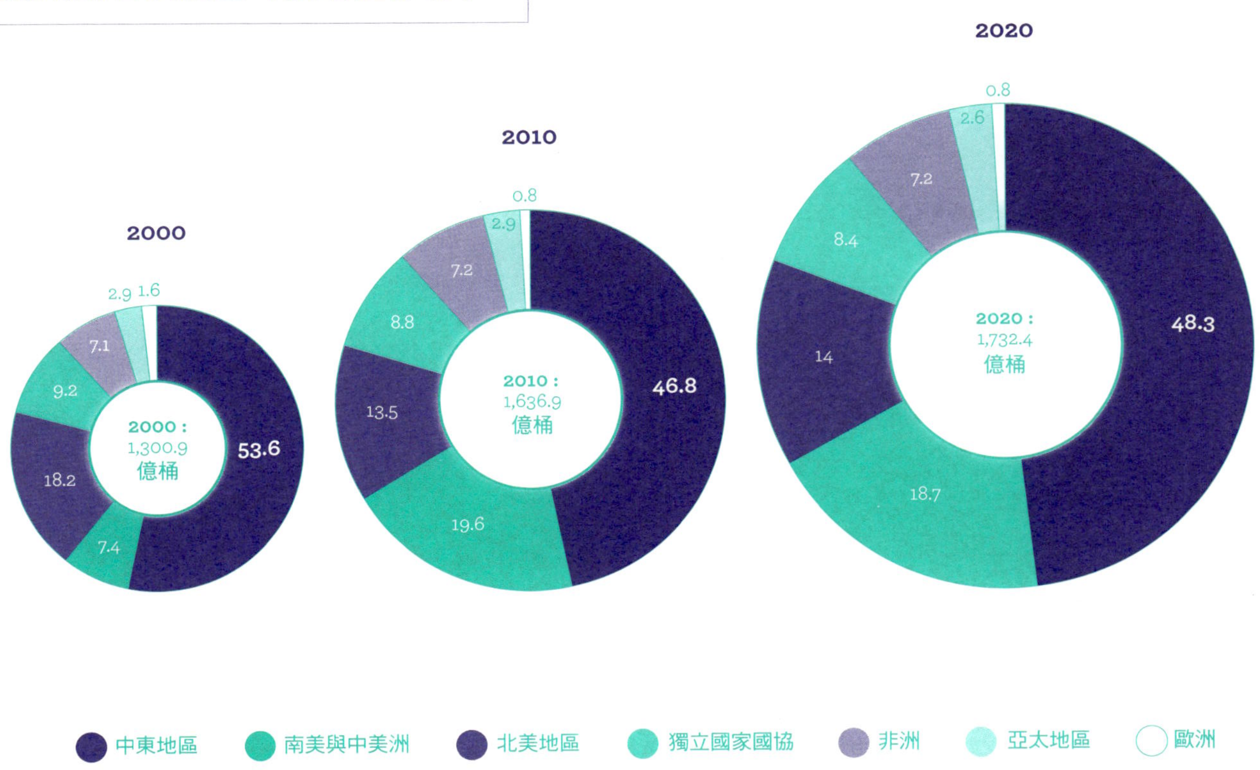

2000
2000：1,300.9 億桶
- 53.6
- 18.2
- 9.2
- 7.1
- 2.9
- 1.6
- 7.4

2010
2010：1,636.9 億桶
- 46.8
- 13.5
- 8.8
- 7.2
- 2.9
- 0.8
- 19.6

2020
2020：1,732.4 億桶
- 48.3
- 14
- 8.4
- 7.2
- 2.6
- 0.8
- 18.7

圖例：
- 中東地區
- 南美與中美洲
- 北美地區
- 獨立國家國協
- 非洲
- 亞太地區
- 歐洲

6
再生能源：新興國家的崛起

投資再生能源（如太陽能、風力）有助於降低二氧化碳排放與對化石能源的進口依賴，改善各國貿易平衡。由於電力去碳化的推動與加上去碳化問題，再加上過去十年與地區污染問題，促使這些能源快速成本大幅下降。再生能源地理分布廣，且可擴展。再生能源有助於提升能源安全、循環利用，有助於減少因傳統能源供應引發的矛盾衝突。

新興國家：主要投資者

1990 至 2010 年，再生能源（不包含水力發電）約占全球能源消耗的 1%；至 2020 年已提升至 6%。主要原因是 2010 年代太陽能與風力成本大幅下降，繼而推動發電裝置容量成長七倍。2020 年，間歇性再生能源約占全球電力裝置容量的 23%，並占全球發電量的 12%。此外，自 2015 年起，再生能源已占新增裝置容量的 50%，2019 年更達 77%。這段期間內，全球再生能源投資總額達 3.3 兆美元，平均每年 3,000 億美元。來自已開發國家與新興國家。若要實現將氣溫升幅控制在 2°C 以下的目

028 GÉOPOLITIQUE DES ÉNERGIES

標,未來每年投資需提升至1.5兆美元。2004至2015年,再生能源投資主要來自已開發國家(美國、歐洲與日本),但因經濟與財政不佳而成長趨緩。

自2015年起,新興國家成為推動再生能源的主要力量,尤其中國成為領頭羊,占新興經濟體投資總額的60%至70%,全球占比達30%。2020年,中國占全球太陽能裝置容量36%(美國為10.4%),風力發電容量則占39%。印度與巴西也在再生能源領域扮演要角。

自 2015 年起,新興國家成為推動再生能源的主要力量。

2000年代積極推動產業政策,大大促進再生能源產業上的發展(尤其是太陽能領域),並成為全球低碳技術主要出口國,主導該產業內多項關鍵供應鏈。未來幾年,中國有可能在整體價值鏈中發揮強大的市場影響力。此外,中國在技術研發(特別是低碳技術)的專利的政策),可能進一步鞏固其主導地位(詳見第36章)。

新的依賴和接受度的挑戰

儘管如此,推動再生能源雖是去碳化不可或缺的要素,但同時也帶來新的依賴與挑戰。例如任何產生一百萬瓦電力容量、太陽能與風電所需材料多於傳統發電(如燃煤、燃氣),而風電在於,我們可能只是把對化石能源的依賴,替換成對戰略材料的依賴。另一個問題則涉及產業層面。中國在可能源的設施引起民眾反感源技術設施的設置引起民眾反彈。這些社會接受度的問題,使得未來推動再生能源政策不能將減碳當作唯一目標,也必須審視其潛在風險與整體能源治理影響。

最後,包括風力發電機等設備在多國面臨「鄰避效應」(NIMBY, not in my backyard)現象,導致部分地區對某些能

要點

間歇性再生能源（風力和太陽能）在全球能源消耗量的占比大幅提升。自 2015 年以來，在中國等新興經濟體的推動下，這些能源成為實現電力能源去碳化目標的核心手段。不過，這波發展也引起諸多質疑，包括：對於戰略性原料的依賴、中國在產業供應鏈上的主導地位，以反對設備設置的接受度問題。

焦點

2020 年，全球能源領域出現歷史轉捩點：低碳技術的投資金額的投資總額超越化石燃料的探勘與生產部門。這些投資即使在新冠疫情期間仍展現高度韌性，與 2019 年相比成長 9%，總額突破 5,000 億美元。2021 年更達至 7,550 億美元。其中，近一半（48%）的資金流向再生能源容量的提升。太陽能與風力投資在 2021 年合計達 3,660 億美元。在全球，電動車及充電基礎設施的投資也高達 2,730 億美元，遙遙領先熱泵（530 億）與核能（310 億）。最後，包括二氧化碳捕捉與封存、氫能與永續材料等新興技術的全球投資總額則約 240 億美元。

030 GÉOPOLITIQUE DES ÉNERGIES

再生能源裝置容量的投資金額（小於50兆瓦的太陽能、風力、水力，單位：十億美元）

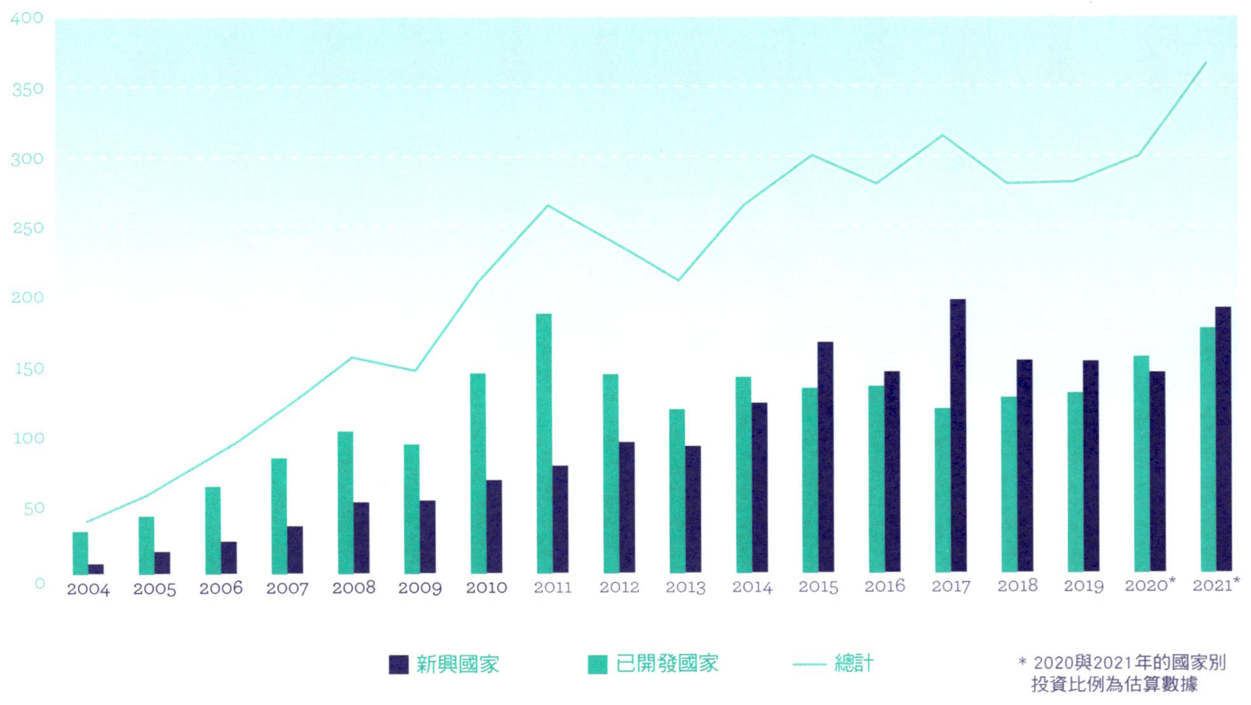

■ 新興國家　　■ 已開發國家　　— 總計

* 2020與2021年的國家別投資比例為估算數據

7 水力發電：引起國際緊張關係的根源？

水力發電今日占全球能源消耗量約7%，是第三大電力來源（約占全球電力產量16%），排在煤炭和天然氣之後，贏過核能。目前，全球約有超過58,000座大型水壩，涵蓋多種用途（如防洪、發電、灌溉等），其中超過6,000座專門用於發電。1960年代埃及建設亞斯文大壩（Aswan Dam）或更近期的中國三峽大壩，這類水壩建設通常代表國家的驕傲以及爭取區域霸主地位的企圖。

區域競爭

因水壩建設引起的地緣政治上的緊張情勢，並非出現在那些水力發電大國（如中國、巴西、加拿大、美國……）而是集中於橫跨國界的流域地區，例如中東的幼發拉底河、約旦河、奧龍特斯河（Orontes River）與底格里斯河、亞洲的印度河與湄公河，以及非洲的尼羅河。這些跨境流域的問題凸顯了流域上游和下游之間的地理關係：若缺乏區域或國際間的協議，處於上游的國家便可能壟斷水資源、攔截部分水流用於灌溉或發電。例如，土耳其自1960年代便構思「東南安納托利亞計畫」（Southeastern Anatolia Project，土

耳其文縮寫為 GAP），為了推動經濟發展，並促進居住在底格里斯河與幼發拉底河流域的庫德族人口之整合，此計畫正是敘利亞與土耳其之間地緣競爭的重點之一。

1960 年代末，敘利亞已預期的失去幼發拉底河主權的風險，因而未先跟伊拉克協調，逕自開啟塔布卡水壩（Tabqa Dam）的建設工程。在2010 年代，占領敘利亞與伊拉克境內某些關鍵水壩的行為成為伊斯蘭國（在伊拉克與敘利亞活動的極端組織）主要戰略之一，藉此掌控當地民眾和財務收入。

水力發電在許多國家被視為推動經濟發展、國土規劃與觀光吸引力的重要來源，且土耳其具有龐大的發展潛力。然而，其社會影響（例如強制人口遷移），對河川水文系統的改變，以及對上下游生物多樣性的需求（尤其是農業），蓄水過程中將導致尼羅河水量減少破壞，也讓人質疑水力發電究竟是否是一種「完全環保」的能源選項。

衣索比亞復興大壩

衣索比亞的復興大壩（Grand Ethiopian Renaissance Dam, GERD）是當地政府自 2011 年以來於青尼羅河畔推動的重要建設工程。這座非洲規模最大的水壩，造價約為 48 億美元，發電量高達 6,500 兆瓦，是埃及亞斯文大壩的三倍以上，工程能提升衣索比亞國內電力的普及率（目前仍有約 50% 無電人口），並鞏固長期的經濟起飛。然而，復興大壩也引起埃及與蘇丹的嚴厲批評與威脅。

由於埃及 95% 的人口居住於尼羅河沿岸，後者提供國內 98% 的淡水需求（尤其是農業），復興大壩在25%。埃及主張基於糧食安全與國家主權，堅持保有 1929 年與 1959年協議所賦予的對尼羅河水利開發計畫的寶貴否決權，蘇丹方面雖可堅受益於大壩供應的低廉電力（距其邊界僅 15 公里），但也希望與衣索比亞共同協商管理模式。修建復興大壩的背後，其實是一場經濟主導權的競逐：對衣索比亞而言，這更是在提格雷戰亂（自 2020 年11 月起，衣索比亞政府與提格雷人民解放陣線之間爆發的武裝衝突）之下推動國族統一的優先戰略。由於潛在的環境影響，該工程幾乎完全未獲得國際資金支持，因此衣索比亞自行籌資完成，並在國內與海外僑民的部分自願或半自願協助下推動。

衣索比亞復興大壩背後涉及的問題，其實是一場關於該區域經濟主導權的角力。

要點

水力發電是現今全球最主要的再生能源，它不僅象徵著國力，也是各國爭取區域主導地位的手段；對許多執政者而言，它是掌控水資源與人口的終極工具。水壩是一種涉及地緣政治的基礎設施，經常是鄰國之間緊張與衝突的根源。在這樣的「水霸權」格局下，一種以區域合作作為核心的「水外交」治理模式正逐漸興起。

焦點

根據聯合國的資料，直到 2019 年，全球仍有將近 20 億人無法取得安全飲用水，其中大多數位於非洲。若全球暖化導致氣溫上升 2°C，中東等地區的水資源可能減少約 30%。面對這樣的挑戰，「水外交」（water diplomacy）這一概念在水資源衝突的議題上日益受到重視。水資源跟「水霸權」（hydrohegemony）的概念相對立，它的基礎部分建立於 1997 年聯合國在紐約通過的《聯合國國際水道非航行使用法公約》之上，目標是推動區域合作以反建立跨境流域的管理組織。這一水外交概念基於三個原則：建立技術性資料庫、規劃水資源相關計畫，以及進行外交協調。目標是以糧食、水與能源三個面向來思考經濟發展，讓水資源成為和平與永續發展的媒介：

尼羅河流域

圖例
- 尼羅河流域
- 流經十一個國家
- 主要水壩
- 89.5 主要流域國家人口數（以百萬計，2020年）

國家人口（百萬）
- 埃及 102.3
- 蘇丹 43.8
- 南蘇丹 11.1
- 衣索比亞 114.9
- 肯亞 53.7
- 烏干達 45.7
- 坦尚尼亞 59.7
- 蒲隆地 11.8
- 盧安達 12.9
- 剛果民主共和國 89.5
- 厄利垂亞 3.2

地名標註
開羅、亞斯文水壩、紅海、喀土穆、青尼羅河、白尼羅河、塔納湖、吉布地、索馬利亞、維多利亞湖、復興大壩、中非共和國、查德、利比亞、阿爾及利亞、尼日、奈及利亞、喀麥隆、貝南、多哥、馬利、波斯灣、印度洋

500 公里

8 天然氣：過渡時期的能源選項

天然氣目前約占全球能源消費的25%，相較第一次石油危機前夕，當時僅占17%。由於天然氣比石油或煤炭的排碳量更少、用途更為廣泛，涵蓋發電、供熱以及工業應用等領域，消耗量自1990年以來成長了兩倍。雖然在2000年代初期，專家曾熱烈討論是否成立一個「天然氣輸出國組織」，現今焦點已轉向消費國對天然氣的依賴問題，以及在全球去碳化背景下，天然氣在未來能源組合中的定位。

天然氣市場的革命

2020年，全球近90%的天然氣儲量並非來自經濟合作暨發展組織（Organization for Economic Co-operation and Development, OECD）的成員國。歐明僅擁有約0.2%的儲量。天然氣儲量最大的國家包括俄國、伊朗與卡達，分別位居全球生產量第二、三和四名。美國則以約占全球24%的產量穩坐過全球50%的產能。美國於2010年代經歷了一場天然氣革命，主要得益於非常規天然氣（頁岩氣）的大量開採，促使全國產量在2009至2019年之間增加了近65%。如今，美國已實現天然氣自給自足，並逐步轉型為全球出口國。此外，美國仍是世界最大的天然氣消費國，消耗量約占全球的22%，遠高於俄國（11%）、歐盟（10%）與中國（8.5%）。整體而言，OECD國家合計約占全球天然氣消耗量的46%。

036 GÉOPOLITIQUE DES ÉNERGIES

低，僅占總產量的18%。目各地區的市場動態差異極大。例如，歐盟因擔憂過度依賴俄國的天然氣，加上2005至2010年間俄烏戰爭兩國在天然氣定價問題上爆發多次危機，導致自2010年消費量達高峰以來，該地區的天然氣使用量轉而下滑。2022年2月爆發的俄烏戰爭，加上歐洲期望實現電力組合*去碳化的政策方向，助長此一趨勢。反觀亞洲，其天然氣消費中的占比自2000年的12%增長至近年約23%，耗量成長了三倍。這波成長主要由中國帶動，同時受益於俄國轉向亞洲市場的戰略目標。

天然氣過去長期受限於輸送所需之相關基礎設施（如管線網絡）／如今隨著液化天然氣*的靈活性提升，全球天然氣貿易已大幅

液化天然氣市場的發展，使天然氣成為真正的全球商品。

擴展。2020年，液化天然氣在全球天然氣貿易中已達約50%，而在2000年初僅約為25%。

液化天然氣市場的發展，使天然氣成為真正的全球商品，打破了北美、歐洲與亞洲過去三強鼎立的天然氣市場格局。這些區域市場過去受限於天然氣管線的進出口端點，並有其各自的地緣政治影響。目前，澳洲與卡達並列為全球最大液化天然氣出口國，全球出口量約22%；美國（12.5%）與俄國（8.5%）則緊隨在後。不過，液化天然氣貿易依然帶有明顯的區域特徵：亞洲占全球進口量約71%，歐洲則占約24%。其中，日本為全球最大進口國，南韓、中國與臺灣亦為主要進口國，合計占全球進口量約60%。美國液化天

然氣市場的崛起，使得進口國有更多元的供應來源選擇，提升他們眼中東或俄國進購天然氣的籌碼。

前景為何？

目前主要出口國（如澳洲、卡達、美國與俄國）之間的激烈競爭、新興供應國的崛起（如阿根廷與莫三比克），以及液化天然氣相對是影響未來天然氣市場走向的關鍵因素。在全球能源轉型的背景因素下，天然氣的角色正面臨重新定位的挑戰。相較於煤炭或石油，天然氣的碳排放較低，它的使用有助於減少二氧化碳排放，但隨著許多地區相繼宣布可可能會受限，全球天然氣產業有可能受限，未來，將必然仰賴再生能源的大規步，將必然仰賴再生能源（如生質甲烷與氫氣）在全球能源的大規模部署與整合。

要點

全球天然氣市場的兩項重大變革，分別是美國非常規天然氣（如頁岩氣）的革命，以及液化天然氣帶動的全球貿易量提升。高活度的液化天然氣，讓市場能夠繞開陸上管線的基礎設施限制與相關地緣政治風險。然而，在全球能源轉型勢不可擋的背景之下，天然氣在未來能源組合中的定位仍待釐清。

焦點

成立一個天然氣輸出國組織，即「天然氣版 OPEC」——這個在能源市場上經常提到的議題，於 2021 年在沙烏地阿拉伯與俄國的會談中再度浮上檯面。事實上，這樣一個組織早在 2001 年便已非正式形式存在，即「天然氣輸出國論壇」（Gas Exporting Countries Forum, GECF）：該論壇目前由 13 個正式成員國組成，包括：阿爾及利亞、玻利維亞、埃及、赤道幾內亞、伊朗、利比亞、奈及利亞、阿曼、卡達、千里達及托巴哥、以及委內瑞拉。另有 8 個觀察員國：安哥拉、亞塞拜然、阿拉伯聯合大公國、伊拉克、馬來西亞、挪威、秘魯及莫三比克。這些成員國掌握全球 70% 的已探明天然氣儲量、44% 的全球產量、52% 的天然氣管線、以及 51% 的液化天然氣供應。GECF 的定位主要是資訊交流與合作平台，並對成員國提出配額政策。「天然氣輸出國組織」成立與否所引起的擔憂，再一次提醒了各個進口國——尤其是歐洲——必須加速降低對化石能源的進口依賴，以便提升自身能源的自主性。

2020 年全球各地區與主要國家的天然氣儲量占比（%）和儲產比（R／P）

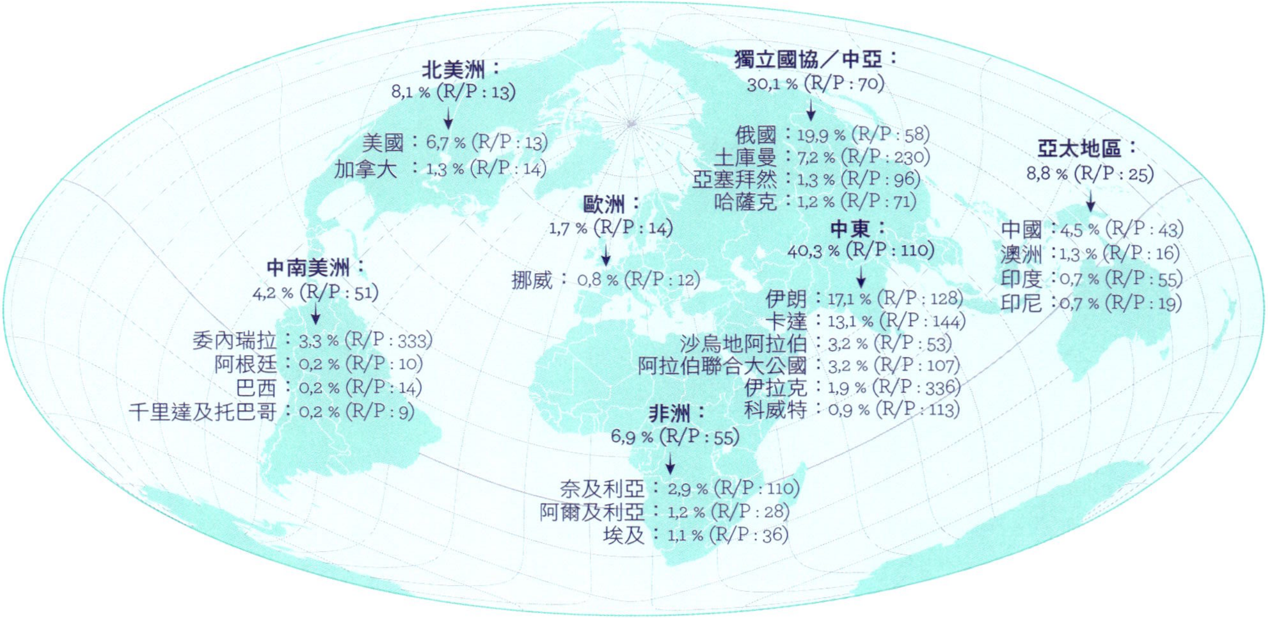

北美洲：
美國：6.7 %（R/P：13）
加拿大：1.3 %（R/P：14）

中南美洲：4.2 %
委內瑞拉：3.3 %（R/P：333）
阿根廷：0.2 %（R/P：10）
巴西：0.2 %（R/P：14）
千里達及托巴哥：0.2 %（R/P：9）

歐洲：1.7 %（R/P：14）
挪威：0.8 %（R/P：12）

獨立國協／中亞：30.1 %（R/P：70）
俄國：19.9 %（R/P：58）
土庫曼：7.2 %（R/P：230）
亞塞拜然：1.3 %（R/P：96）
哈薩克：1.2 %（R/P：71）

中東：40.3 %（R/P：110）
伊朗：17.1 %（R/P：128）
卡達：13.1 %（R/P：144）
沙烏地阿拉伯：6.3 %（R/P：53）
阿拉伯聯合大公國：3.2 %（R/P：107）
伊拉克：1.9 %（R/P：336）
科威特：0.9 %（R/P：113）

非洲：6.9 %（R/P：55）
奈及利亞：2.9 %（R/P：110）
阿爾及利亞：1.2 %（R/P：28）
埃及：1.1 %（R/P：36）

亞太地區：8.8 %（R/P：25）
中國：4.5 %（R/P：43）
澳洲：1.3 %（R/P：16）
印度：0.7 %（R/P：55）
印尼：0.7 %（R/P：19）

儲產比：指將某一年底剩餘的天然氣儲量，除以該年全年的天然氣產量，即可得出在開採速度不變的情況下，剩餘天然氣儲量可供開採的年限。

9 核能：展現國力的能源

發展歷程與反對聲浪

民用核能的歷史與美國「曼哈頓計畫」(Manhattan Project) 開發原子彈的軍事應用密不可分。1951 年，美國愛達荷福爾斯 (Idaho Falls) 的實驗性滋生反應爐第一次成功將核分裂應用於民用發電；蘇聯緊接在後於 1954 年啟用反應爐，法國與英國也分別於 1956 年投入核電建設。1950

化碳，遠低於天然氣約 400 克，以及燃煤破 1,000 克的排放量。因此，在全球能源邁向轉型的背景之下，核能被視為具潛力的低碳能源之一。根據聯合國政府間氣候變化專門委員會 (Intergovernmental Panel on Climate Change, IPCC) 與國際能源署的評估，若要在 2050 年前達成全球碳中和的目標，核能供應至少需要翻一倍。

核能是一項技術複雜且成本昂貴的能源，至今仍主要集中於已開發國家，因為全球約 70% 的核能發電量來自經濟合作暨發展組織成員國。雖然核能長期以來備受爭議，且經常受到輿論與環保團體的反對，但直到 2020 年，它仍占全球初級能源消耗量的 4.3%。在碳排放方面，核能的影響極低：每度電 (kWh) 僅產生 6 至 12 克二氧

040 GÉOPOLITIQUE DES ÉNERGIES

至1970年代，核能是冷戰時期展現強權軍力的象徵，同時也是歐洲和美國推動核能工業化的第一波浪潮。第一次石油危機後，各國為提高能源自主性而加速核能發展。1976年達到高峰，新建43座核能反應爐。

然而，1979年美國三哩島（Three Mile Island）核洩漏事故發生後，美國宣布凍結反應爐新建計畫。環保反對運動也快速升溫。而1986年車諾比核災更成為核能挫折：美國的轉捩點。全球新建核電計畫大幅下滑，直到2000年代中期，中國的崛起重新點燃核能產業的動力。但這股復甦態勢又因2011年日本福島核災而部分受阻。

至2021年，全球共有408座反應爐在32個國家運作。相較之下，燃煤約占35%，天然氣約占23%。

儘管歐洲在1957年成立了歐洲原子能共同體，以促進民間核能合作，但至今歐洲各國在核能政策

煤約占35%，天然氣約占23%。

美國的核能發電量占全球總量的30%；歐盟占25%；法國與中國各占13%；俄國則為8%。儘管美國是全球反應爐數量最多的國家，核電僅占其國內總發電量的19%。法國則為全球核電占比最高的國家，約70%的國內電力來自核能，其次為烏克蘭（51%）、南韓（28%）與俄國（20%）。全球目前有57座核能反應爐尚在興建，其中37座位於亞洲。

歐洲缺乏統一的核能政策

上的立場仍然分歧。西歐國家中，有些如芬蘭與英國仍積極投資核能；另一些國家（奧地利、德國、義大利等）則選擇實施核能凍結政策或推動核能全面退場。相較之下，東歐多數國家則普遍支持核能擴張。歐洲缺乏統一的核能戰略與專門的財政資源，使得中國、俄國，以及美國復甦中的核能產業在技術發展上取得相對優勢。目前，小型模組化反應爐被視為下一階段可能降低核能門檻的解決方案，包括加拿大、中國、美國、法國、英國與俄國等皆已開發出不同原型機，但由於全球尚未建立統一的標準與工業化機制，這些小型反應爐是否獲得經濟效益仍存有許多問題。

至2021年，全球共有408座反應爐在32個國家運作。

應爐在32個國家運作，核能占全球發電量約10%，相較之下，燃

要點

民用核能是國力與發展的象徵,在1960年至1980年間迅速成長。不過,自1970年代末一連串的核災事故與環保浪潮開始出現後,遏止了核能的發展。儘管如此,由於核能本身二氧化碳排放極低,在全球能源轉型過程中仍被視為不可忽視的重要技術之一。在許多政治爭論的背後,實則潛藏著一項更深層的問題——誰將主導未來的能源與核技術領導權?面對中國與俄國兩大科技強國,歐洲至今在此議題上尚未展現出任何統一的政策方向。

焦點

國際熱核融合實驗反應爐(International Thermonuclear Experimental Reactor, ITER)是一項國際合作計畫,共有35個國家參與,包括中國、歐盟各國、印度、日本、南韓、俄國、瑞士與美國。該計畫於2006年簽署、建設地點位於法國隆河河口省,主要目標是透過實驗方式,驗證核融合發電的可行性,提供其他方案未來取代1960年代以來一直探索的核分裂技術。核融合的基本原理,是模擬太陽與恆星內部的反應,將氫氣與氚在高溫攝氏1億5千萬度的高溫下融合,在稱為托卡馬克(Tokamak)的磁約束環形裝置中產生電漿。核融合技術致力生產去碳化、安全且低放射性廢棄物的能源。儘管這項計畫極富挑戰,但在全球氣候變遷惡化的背景下,其重要性與日俱增。除了ITER,部分國家也同步投入自主托卡馬克的設計與建設;如中國的全超導托卡馬克核融合實驗裝置(Experimental Advanced Superconducting Tokamak, EAST),以及美國的麻省理工與私人企業合作計畫(Smallest Possible ARC, SPARC),目標是於2035年左右實現電力輸出。目前在這一領域,中國的技術與測試進度顯然領先其他國家數年。

O42 GÉOPOLITIQUE DES ÉNERGIES

全球反應爐建設概況

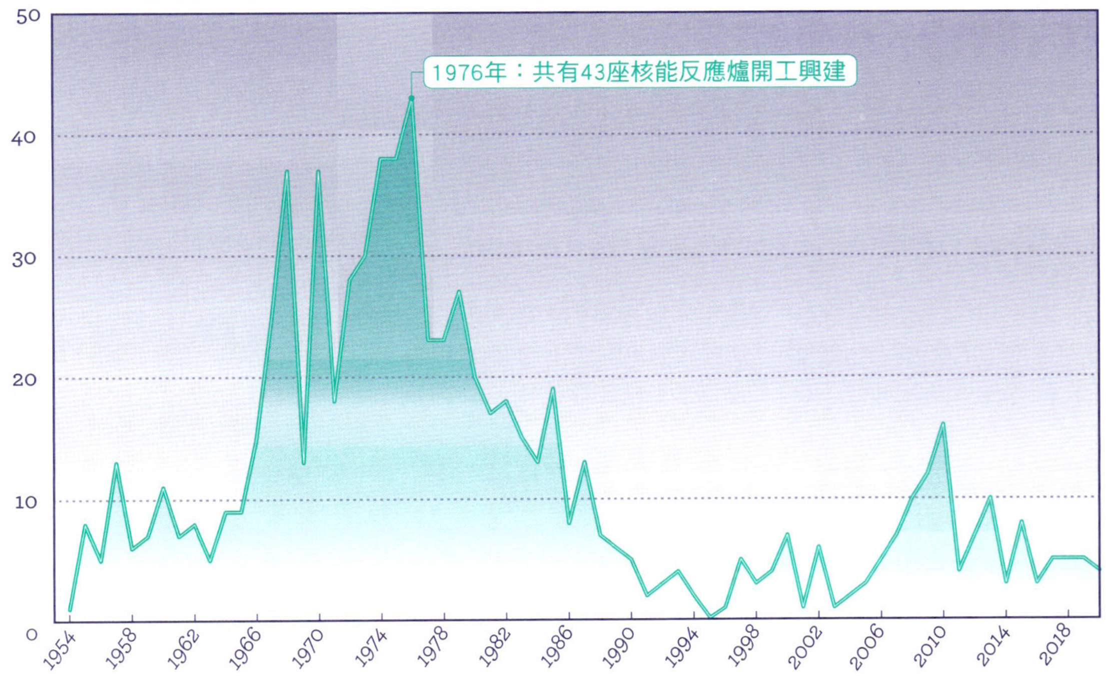

1976年：共有43座核能反應爐開工興建

10
煤炭的頑強時代即將終結？

在 20 世紀中葉之前，煤炭一直是占有主導地位的能源，而即便在今日，它依然保有關鍵地位：目前全球有約 35％ 的電力來自煤炭發電，使其成為第二大電力來源。

作為 20 世紀社會抗爭的象徵之一，煤炭產業長期以來被視為不涉及地緣政治利益的能源。也正因如此，煤炭在國際能源版圖中展現出高度韌性（目前全球共有超過 2,400 座燃煤電廠，分布於 79 個國家）。

在未來幾十年內，唯有基於環境與氣候考量的政策，才能真正驅使各國逐步淘汰煤炭使用。

儲備量充足

煤炭資源極為充沛，以目前開採速度計算，可供使用超過 140 年。2000 年至 2014 年間，全球對煤炭的需求成長了近 65％，顯示它在許多地區仍為關鍵能源。煤炭之所以具備高度韌性，原因是成本低廉且價值鏈的技術門檻較低。包括礦場開採、運輸（鐵路與海運）、以及煤炭在熱力發電廠的應用，不需倚賴複雜的儲存、運輸或轉化技術，與天然氣形成發展初期的對比。因此，煤炭對許多仍處於發展初期的國家來說，深具吸引力。特別是具備煤炭礦產資源的國家，往往會以價格低廉的煤炭作為電力來源，以達成低廉的能源供應。

與石油相比，煤炭的分布範圍大

許多,其中有48%的儲量來自經濟合作暨發展組織成員國,因此降低了地緣政治風險。美國擁有全球最大的煤炭儲量,占23%,其次為俄國(15%)、澳洲(14%)與中國(13%)。然而,在生產方面,全球超過76%的煤炭產量集中於亞太地區。中國被稱為「煤炭之王」,是名副其實的全球煤炭產業主導者:其生產量占全球總產量超過一半,同時也消耗了全球超過54%的煤炭。至於美國,雖然2017年起曾推行川普政府的「振興煤炭計畫」,但整體消耗量自2009年以來仍持續以每年約6%的速度下降。

未來展望為何?

電力產業是煤炭至今仍占一席之地的關鍵因素。全球有近65%的煤炭都用於發電。煤炭在歐盟和美國電力結構中的占比明顯下降:從2007年到2020年,

歐盟由29%降至不到14%,美國則由49%降至約20%。雖然2022年俄烏戰爭可能導致歐洲諸多國家延後淘汰煤炭的計畫,但在停止對燃煤發電項目提供資金的政策推動下,整體減煤趨勢預計將會持續。歐洲內部對煤炭的依賴程度不一:波蘭約有70%的電力來自煤炭,為24%,義大利僅為6%。中國方面,自2013年起煤炭消費量已達巔峰,而在發電結構中,煤炭占比自2010年的75%降至2020年的63%。此變化主要來自於其他發電方式(尤其是可再生能源)的快速成長。相較之下,印度與部分亞洲國家(如印尼、越南)煤炭消費仍在持續攀升。亞洲地區是全球燃煤

電廠規劃專案最多的地區,計多專案正在審議階段,且有政策與資金支持,特別是中國的「一帶一路」。然而,自2019年以來,全球關閉的燃煤電廠專案數量已超過新建電廠專案數量。煤炭的社會與環境代價(礦場事故與高污染排放)使它難以成為未來能源選項

儘管超臨界燃煤發電機組等新技術降低了環境衝擊,但所謂「潔淨煤科技」的構想(如碳捕捉與封存技術)仍受限於高昂成本、儲存能力與社會接受度。對國際社會而言,下一個重大挑戰,將是如何協助那些嚴重仰賴電力普及、探索可行的替代性發展模式,避免走上依賴煤炭的老路。

煤炭之所以具備高度韌性,原因是成本低廉,且價值鏈的技術門檻較低。

要點

煤炭是全球第二大能源來源。2000 年代，在中國與印度迅速崛起的帶動下，煤炭展現出高度韌性。不過，在當前國際情勢為了對抗全球暖化與改善空氣品質，煤炭的使用量在主要的世界經濟體中已呈現下滑趨勢。

焦點

所謂的「反彈效應」（rebound effect）或稱「傑文斯悖論」（Jevons paradox），是由英國經濟學家威廉・史坦利・傑文斯（William Stanley Jevons）於 1865 年在其著作《煤炭問題：關於國家進步與我們的煤礦可能枯竭的探討》（The Coal Question: An Inquiry Concerning the Progress of the Nation, and the Probable Exhaustion of our Coal Mines）中提出的概念。在這本書中，傑文斯探討英國對煤炭的依賴，以及面臨煤炭枯竭時，對當時世界第一強權的英國所造成的影響。他在書中前瞻性地分析了資源峰值、永續性等議題，並提出一項重要發現：提高能源效率的技術，未必能減少整體能源的消耗量。他以蒸汽機為例，指出隨著技術進步，蒸汽機的單位煤耗量雖然下降，每台機器的運作成本也跟著降低，但他使得蒸汽機更廣泛地應用於工業，最後導致整體煤炭消耗量不減反增。

2020年全球煤炭儲量與生產占比（以百分比計算）

- 北美洲：23.2%（P°：6.9%）
  - 美國：23.9%（P°：6.3%）
- 中南美洲：1.3%（P°：0.8%）
  - 巴西：0.6%（P°：0.1%）
  - 哥倫比亞：0.4%（P°：0.7%）
- 歐洲：12.8%（P°：6.2%）
  - 德國：3.3%（P°：1.4%）
  - 烏克蘭：3.2%（P°：0.3%）
  - 波蘭：2.6%（P°：1.3%）
- 俄國：15.1%（P°：5.2%）
  - 哈薩克：2.4%（P°：1.5%）
- 非洲和中東國家：1.5%（P°：3.5%）
  - 南非：0.9%（P°：3.2%）
- 亞洲及太平洋地區：42.8%（P°：76%）
  - 澳洲：14%（P°：6.2%）
  - 中國：13.3%（P°：50.4%）
  - 印度：10.3%（P°：9.8%）
  - 印尼：3.2%（P°：7.3%）

第二部

誰是全球能源霸主？

11
中國：全球生態領導者的崛起

中國已成為原物料市場的關鍵角色。能源與環境議題一躍成為國家優先政策，自2000年代初期起，中國便在此領域建立一套結合經濟與能源、國家機構與企業的戰略目標。同一時間，鄧小平在1991年提出的「韜光養晦」外交政策原則，也不再適用於21世紀初的中國。北京如今正積極建立自身規則與標準，並試圖在能源與環境議題上展現領導能力。

依賴能源的中國

中國是全球最大的煤炭消費國、第二大石油消費國以及第三大天然氣消費國。儘管中國國內的能源產量可觀，是全球第六大天然氣生產國與第八大石油生產國，但在整體能源市場上，中國仍屬於淨進口國。自1990年代中期以來，這種依賴性主導了中國的能源安全政策。包括：1990年代的石油產業的重組改革、建立國家級能源巨擘、推動企業國際化、策略性收購海外技術或企業等諸多舉措，帶動了中國在全球能源市場中的崛起——確保能源供應——尤其是石油——成為中國自2000年代起對外經濟關係的重要一環。為了爭取能源資源，中國跟中東各產油國建立起特

050 GÉOPOLITIQUE DES ÉNERGIES

殊的外交關係,並在沙烏地阿拉伯與伊朗兩國之間維持外交平衡;同時,也積極發展與非洲及拉丁美洲產油國的關係。在2005至2020年期間,約35%的中國對外投資流向全球的油氣生產區。北京具備強大的財政實力,並可依據當地條件量身打造契約,促進了跟不同國家的「石油外交」。此外,中國提出的「一帶一路」倡議,就是希望在打造全球公共利益(國際安全與經濟發展)的過程中,占有一席之地。

搶下領導地位。中國當局將生態議題擺放為內政最主要的不穩定因素之一,如今這項議題不再讓中國綁手綁腳,反而成為展現國際實力的重要手段。作為全球最大的二氧化碳排放國,中國在《第十三個五年規劃綱要(2016至2020年)》中,訂下富有野心的目標,大舉投資再生能源。目2010年代中期起,中國成為低碳技術的最大投資國,並承諾在2060年實現碳中和。目前,中國境內擁有全球36%的太陽能發電能力與38%的風力發電能力。此外,還有推動產業升級的「中國製造2025」計

畫,其中包括多項低碳技術(如儲能、電動車等),這些都是政府的優先發展項目。此外,中國也試圖透過「中國標準2035」計畫,為可再生能源制定技術標準。從應應鏈安全、管控關鍵低碳金屬的提煉,到研發支出的成長與「環保政策」的積極參與中國整合「綠色」與「環保政策」之間競爭激烈。中國正推動的「未來中國生態文明」,為考量的敘事框架,建立一套有別於西方永續發展的價值體系,逐步邁向全球綠能領導者的方向。

全球的領導者?

在環境議題上,中國也致力

要點

在短短二十年間，中國已成為全球能源市場的主要參與者之一。自1990年代中期起，能源安全（尤其是石油安全）成為中國能源政策的核心關注。如今，中國也積極投入環境議題與低碳技術領域。北京正努力在全球舞台上發揮「綠色能源領導力」，這也成為其與美國及歐洲競爭因素之一。

焦點

2016年，中國成立了全球能源互聯網發展合作組織（Global Energy Interconnection Development and Cooperation Organization, GEIDCO），其契機來自於中國國家主席習近平於2015年9月在聯合國永續發展峰會上提出「建立全球能源互聯網」的演說。這個互聯網計畫由中國國家電網董事長所主導，該公司掌控中國超過80%的電網，目的是建構一個全球電力傳輸網絡，以中國自主研發的特高壓輸電技術為基礎，並以可再生能源為全球各國提供電力供應。儘管這計畫被認為不切實際，但其理念結合了智慧型電網、全球再生能源的最大效益化，以及中國的技術優勢。

全球能源互聯網計畫示意圖

- ◆ 配電中心
- ● 水力發電廠
- ✈ 風力發電場
- ☀ 太陽能發電廠
- ── 能源互聯網路

太平洋

大西洋

印度洋

太平洋

12 美國重返世界能源寶座

美國不僅是全球第二大能源消費國與二氧化碳排放國，同時也重新成為石油與天然氣生產國。美國能源產業公司的投資與生產策略正在改變全球能源格局。2020 年 11 月高‧拜登當選總統、2021 年 2 月美國重新加入《巴黎協定》（Paris Agreement），皆被視為美國再度重視國際環境議題的表現。

美國重返世界能源霸權

在美國，「能源自主」的概念與國家的石油發展歷史密不可分。自 19 世紀末起，美國的石油產量逐年上升，直到 1970 年代初達到第一次高峰。從 1970 年到 2004 年之間，產量幾乎減半，但隨著非常規石油的開採，美國在 2019 年 12 月底產量加速至每日約 1,300 萬桶，這股活力讓美國一舉擠下沙烏地阿拉伯與俄國，自 2017 年開始成為全球第一大產油國。儘管美國仍是全球最大的石油消費國，但進口量下滑許多，甚至出口部分石油到國際市場。美國自石油輸出國組織成員國——尤其來自中東地區——進口的石油量銳減。

這個能源自主的趨勢，進一步

054 GÉOPOLITIQUE DES ÉNERGIES

引發外界對美國在波斯灣地區駐軍的質疑。2015年競選期間，川普提出「美國重返世界能源霸權」的目標，並於執政期間積極推動本土能源生產政策（涵蓋煤炭、天然氣與石油等領域）。自2000年代末以來，美國的石油與天然氣產量皆增加逾2.5倍，煤炭產量則在川普任內下降超過31%。在天然氣市場方面，美國的液化天然氣出口量在2009年至2019年間，年增長近50%，目前已躍升為全球第三大液化天然氣出口國，僅次於卡達與澳洲，美國正逐漸成為全球新興的能源出口大國。這股成長動力助燃了歐洲新的市場格局，尤其是在俄烏戰爭爆發後，歐洲試圖在2030年前徹底擺脫對俄國天然氣（占比超過45%）的依賴。這也是美國對俄國「北溪二號」（Nord Stream 2）天然氣管線實施制裁的因素之一，即有意阻制俄國能源進入歐洲市場。在歐洲風力發電裝置容量的16%、太陽能裝置的比例則超過10%。在缺乏聯邦支持的情況下，再生能源的發展遂由各州政府與民間業者積極推動。在過去十年內，美國是全球第三大低碳技術專利申請國，僅次於歐洲與日本；美雖然是技術領頭羊，也面臨中國的強力競爭。從技術所需的原物料（如鈷、鋰）到研發投資領域，中美這兩大霸權之間的競爭正逐步轉向新的戰場：實現去碳化。拜登前總統於2021年通過的基礎建設投資計畫，目標是協助實施各項應對氣候變遷的政策措施。這些舉措反映出，華府無意將治理全球氣候的主導權拱手讓給中國或歐洲。

此外，液化天然氣也可能成為美中之間的合作契機：一方面，美國是新興的天然氣出口大國；另一方面，中國對天然氣的需求迅速增長。不過，兩國之間的剝拔弩張可能會對美方造成更大衝擊（例如投資方面的延宕）；相比之下，中國則已擴大進口來源，包括澳洲、卡達與俄國等。

中美對決？

在低碳技術方面，儘管川普政府導致相關政策一度中斷，美國依舊保有重要地位。美國為全球第二大再生能源投資者，約占全球

在缺乏聯邦支持的情況下，再生能源的發展遂由各州政府與民間業者積極推動。

制俄國能源進入歐洲市場。在歐洲風力發電裝置容量的積極轉型、開拓天然氣供應來源的背景下，華府因此扮演著關鍵要角之一。

要點

隨著非常規石油和天然氣資源的發展,美國重新崛起成為全球能源強權,為全球最大的天然氣與原油生產國,為全球能源市場帶來翻天覆地的變化,也正在重新塑造中東與歐洲的地緣政治平衡。面對中國和歐洲的競爭,美國在拜登政府領導時期,試圖奪回全球氣候議題的主導權。

焦點

《昆西協定》(Quincy Pact)最初於1945年由美國總統富蘭克林·羅斯福(Franklin D. Roosevelt)與沙烏地阿拉伯開國君主伊本·沙烏地(Ibn Saoud)簽署,在近六十年間深深影響了中東地區的穩定。此協定要求沙國供給穩定的石油,美國則承諾對沙烏地王室、王國以及整個地區提供軍事保護作為交換,並建立雙邊經濟合作關係。儘管部分專家認為這純屬虛軼聞,但據稱2005年美國總統小布希與沙國國王諸(阿布杜拉(Abdallah)曾再度簽署延續協定。不過早自1980年代起,美國已逐步擴大石油進口來源,如今對沙國原油的依賴大幅降低。目前,美國最大原油供應國為加拿大(占外部供應56%),其次為墨西哥(9%)與沙烏地阿拉伯(7%)。整體而言,中東地區僅占美國石油進口總量的10%。

美國自1970年以來的碳氫化合物產量

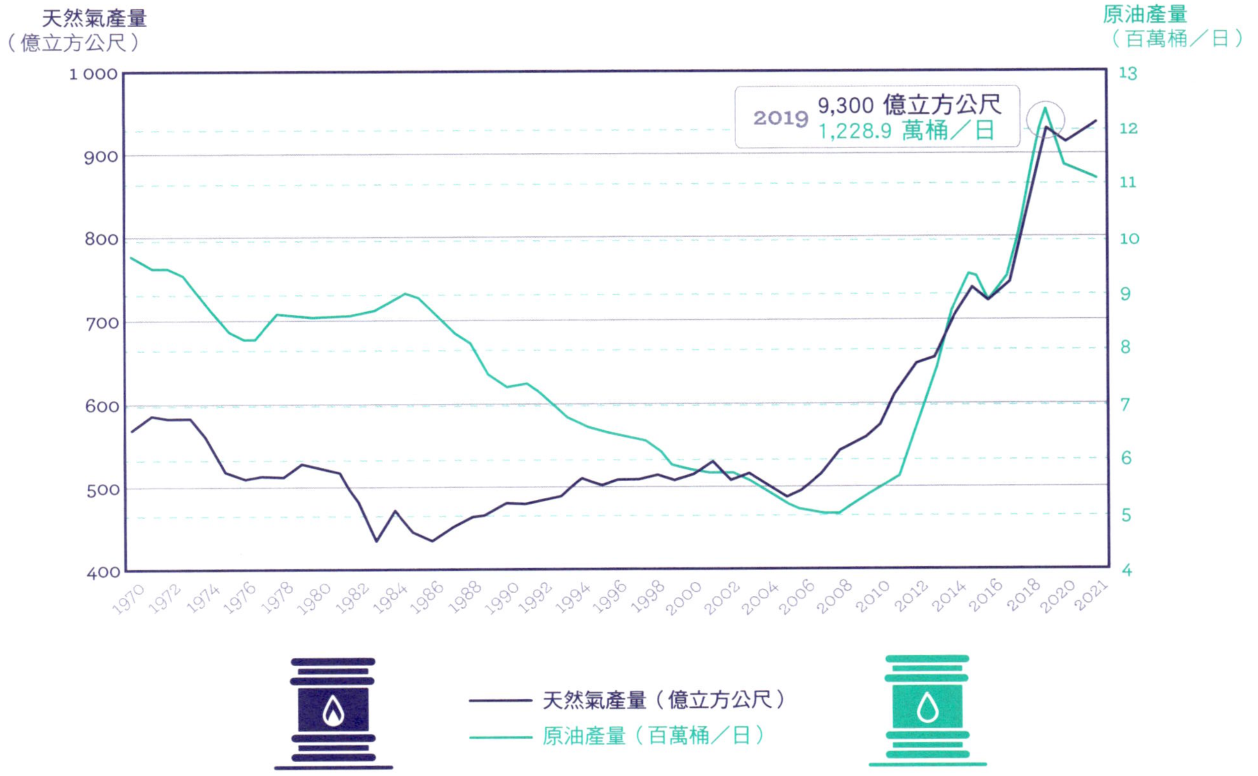

天然氣產量（億立方公尺）

原油產量（百萬桶/日）

2019 9,300 億立方公尺
1,228.9 萬桶/日

— 天然氣產量（億立方公尺）
— 原油產量（百萬桶/日）

13 從歐洲綠色政綱到俄烏戰爭

2019年底,歐盟執行委員會主席烏蘇拉・范德賴恩(Ursula von der Leyen)公布了「歐洲綠色政綱」(European Green Deal),目標是在2050年前達成歐洲大陸的碳中和。此政策是一個系統性的轉型計畫,納入氣候法案,並斥資高達1兆8,000億歐元,打造一個為更高效的歐洲新興經濟模式。歐洲綠色政綱為期30年,同時設定2030年前減碳55%(相較1990年)等充滿挑戰的中期目標。政綱的核心措施包括:歐洲能源與運輸產業的去碳化、能源效率提升、環境標準的立法與強化。在俄烏戰爭爆發後,歐盟進一步提出「REPowerEU」行動計畫,力求加快擺脫對俄國化石燃料的依賴。

引發何種地緣政治後效?

2019年12月,歐洲理事會正式通過「2050年碳中和」的目標。儘管波蘭投下反對票,雖然各成員國對最終目標達成共識,但對於2030年的中期減碳目標,歐盟內部仍爭論不休。歐洲綠色政綱企

歐洲綠色政綱推動電力、生產、運輸與工業三大高碳排產業的轉型，三者合計占歐盟碳排放總量約82%。碳排放較高的國家，如波蘭、匈牙利以及德國（程度稍低），希望能延後減碳時程。為爭取成員支持，歐洲理事會於2019年推動「公正轉型機制」（Just Transition Mechanism, TJM）*，向能源轉型衝擊最大的地區提供協助。

歐洲綠色政綱的推動，將為歐盟內外的經濟、產業帶來重大影響。歐盟為了維護區域的產業競爭力，提出「碳邊境調整機制」（Carbon Border Adjustment Mechanism, CBAM）*，這將可能重塑部分全球貿易規則，進而改變歐盟與全球合作夥伴的經貿關係。因此，歐盟必須在鄰國推動低碳技

俄烏戰爭讓歐盟在能源問題上大夢初醒。

俄烏戰爭造成能源局勢大洗牌

俄烏戰爭讓歐盟國家高度依賴進口能源：石油及石油產品的進口比例超過96%、天然氣則超過87%、煤炭則超過44%。2019年，歐盟共進口約2,800億歐元的能源產品，占進口值總額近15%。俄國是歐盟最大的能源供應國（供應了歐盟27%的石油），還超過挪威、哈薩克與美國；也是最大的天然氣供應國（2021年占歐盟進口總額的

45%）。然而，由於各國能源結構差異很大，對俄國天然氣的依賴程度也大相逕庭：像法國與西班牙以液化天然氣取代，因此俄國進口量不到20%；德國則達55%；幾如芬蘭、愛沙尼亞等鄰近俄國的歐盟成員國實施的能源禁運的議題上產生分歧。這些產品為俄國每日帶來約7到9億歐元的出口收入。歐盟執行委員會於2022年3月提出「REPowerEU計畫」，目標是在2030年前完全擺脫對俄國化石燃料的依賴，並在2022年底前減少三分之二。此計畫主張以液化天然氣、可再生天然氣與氫能進口取代俄國天然氣，同時強化能源效率與簡約能源行動。

要點

歐洲綠色政綱的核心目標是讓歐盟在二十年內達成碳中和。這項政策不僅涉及能源、科技與環境,還加速歐洲經濟成長模式的全面轉型,將歐盟塑造成為全球綠能產業的未來領導者。該政綱目前也已與因應俄國能源依賴問題的 REPowerEU 計畫結合,在中期內加速擺脫對俄國化石燃料的依賴。

焦點

為了實現 2050 年碳中和的目標,歐盟必須具備一套明確的規劃,用以界定哪些投資項目有資格獲得歐盟的資金支持。同時,還需引導資本投入真正有助於永續發展的活動。為此,歐盟執委會(European Commission)建立了一套「歐盟永續分類標準」,以六大環境目標為依據:減緩氣候變遷、氣候變遷調適、水及海洋資源的永續性及保育、轉型至循環經濟、污染防治以及生物多樣性及生態系統的保護與復原。所有符合資格的經濟活動,必須有對六大環境目標中至少一項有重大貢獻,同時在未損及其他目標的前提下,遵守基本的社會與勞工標準。關於是否應將天然氣與核能納入歐盟永續分類標準,曾引發兩方擁戴者的激烈爭論。儘管諸多的不確定性,天然氣與核能最終皆納入 2022 年初公布的分類草案中。

歐洲綠色政綱

為歐洲打造的綠色協議

- 提升歐盟2030與2050年的氣候目標
- 供應潔淨、可負擔、安全的能源
- 促進產業邁向潔淨與循環經濟
- 節能高效的建築與翻新
- 提供轉型資金
- 不讓任何人掉隊（支持公平轉型）
- 加速發展永續和智慧交通
- 「從農場到餐桌」設計公平、健康且環境友善之糧食系統
- 生態系統保存與生物多樣性恢復
- 創建零污染的無毒環境
- 推動研究、促進創新

轉型歐盟經濟，邁向永續未來

歐盟作為全球領導者

歐洲氣候協議

14 印度是否為氣候峰會模範國家？

印度是全球第三大能源消費國，僅次於中國與美國。自2000年以來，印度經濟年均成長率達7%，能源消耗量也開始翻倍。自2014年，總理納倫德拉·莫迪（Narendra Modi）領導的政府推動「印度製造」（Make in India）工業化政策，可說與全球產業去碳化的潮流背道而馳。根據統計，2019年印度已占全球GDP的3.2%，遠高於2001年的1.5%。此外，印度也正改善國內的棘手挑戰之一——能源貧困問題：2019年已有97%的國民可用電，相比2000年的比例還不到六成。

印度是未來全球能源領域值得關注的強國。

儘管印度逐漸加強低碳能源投資，但依賴進口化石燃料仍是長期挑戰。

天然資源貧瘠的能源大國

印度擁有300多萬平方公里國土，人口占全球約18%，但相較之下能源資源極為有限——僅有全球天然氣儲量的0.7%、石油儲量占0.3%，以及煤炭儲量占

GÉOPOLITIQUE DES ÉNERGIES

10.3％。在石油市場方面，印度是全球第三大石油消費國與進口國，由於國內產量成長停滯，能源貿易逆差日益擴大。印度高度依賴進口石油，比例超過80％；進口天然氣為55％，煤炭亦超過四分之一，未來況將持續惡化。中東地區為主要石油供應國（占60％），但印度政府同時積極開拓供應來源：來自拉丁美洲、非洲、加拿大、美國和俄國的進口比例逐年上升。與此同時，印度政府也鼓勵投資境內外的石油探勘與開採投資，仿效中國目2000年代以來的能源戰略。然而，印度能源企業的國際能見度不高，且不像中國那樣能夠獲得政府在財政或外交上的大力支持。

現今的16％，到2030年提升至30％，以吸引外資並創造就業機會。此措施強化基礎建設，促使印度成為區域與全球的生產樞紐，並融入國際供應鏈體系。儘管這項政策包含低碳能源的大規模布局，仍然引發外界對印度未來二氧化碳排放量的憂慮。

太陽能、核能與煤炭

印度推動工業化的同時，也大力推動低碳能源。新德里政府在全球風力與太陽能裝置容量總比已超過5％，每年在再生能源上的投資金額約為100億美元。

印度政府不僅透過「國際太陽能聯盟」（International Solar Alliance）在全球舞台站穩地位，還同時發展核能戰略。除了現有的23座核子反應爐外，還有8座正在興建，政府目標是在2050年前

投入大量資金擴大核能產業，目前核能僅占全國裝置電力容量的不到2％。這種低碳能源與煤炭超過57％，與中國的狀況類似，也顯示煤炭作為低碳成本能源在經濟起飛階段的重要性。印度每人平均能源消耗約為全球平均值的35％。雖然新德里已是全球第三大二氧化碳排放國（約占全球總的7％），但其人均排放量卻僅為全球平均的38％。未來幾十年內，印度的能源與碳排放都有巨大成長潛力。根據國際能源署預測，至2040年前，光印度一個國家，將占全球能源總需求成長的近25％。印度可說是未來全球能源領域值得關注的強國。

要點

作為全球第三大能源消費國與二氧化碳排放國，印度逐漸崛起為能源產業的強國。隨著當地的工業化與經濟快速發展，這股趨勢將持續強化。雖然煤炭仍然為印度主要電力來源，但印度政府正試圖透過投資低碳能源，讓印度能在全球環保議題中奪得話語權。

焦點

法國與印度於2015年12月巴黎第21屆聯合國氣候變遷大會上，宣布成立國際太陽能聯盟。聯盟的目的是促進太陽能的發展與部署，主要針對完全或部分位於北回歸線與南回歸線之間的國家，這些地區具備極佳的日照潛力。目前已有超過98個國家簽署加入該聯盟，總部設於印度。其目標是到2030年達成1,000吉瓦的太陽能裝置容量，並動員1兆美元的投資。此聯盟是各國在發展能源供應時，兼顧對抗氣候變遷的重要政策工具。國際太陽能聯盟致力於建立一個涵蓋太陽能技術各方面議題的交流與合作平台，包括：研發、降低成本、融資機制、共同標準的制定、全球太陽能的推廣。

[1] 截止2025年，印度有25座核能反應爐，11座仍在興建中。

064　GÉOPOLITIQUE DES ÉNERGIES

印度跟世界能源平均指標對照圖表（2000年與2019年）

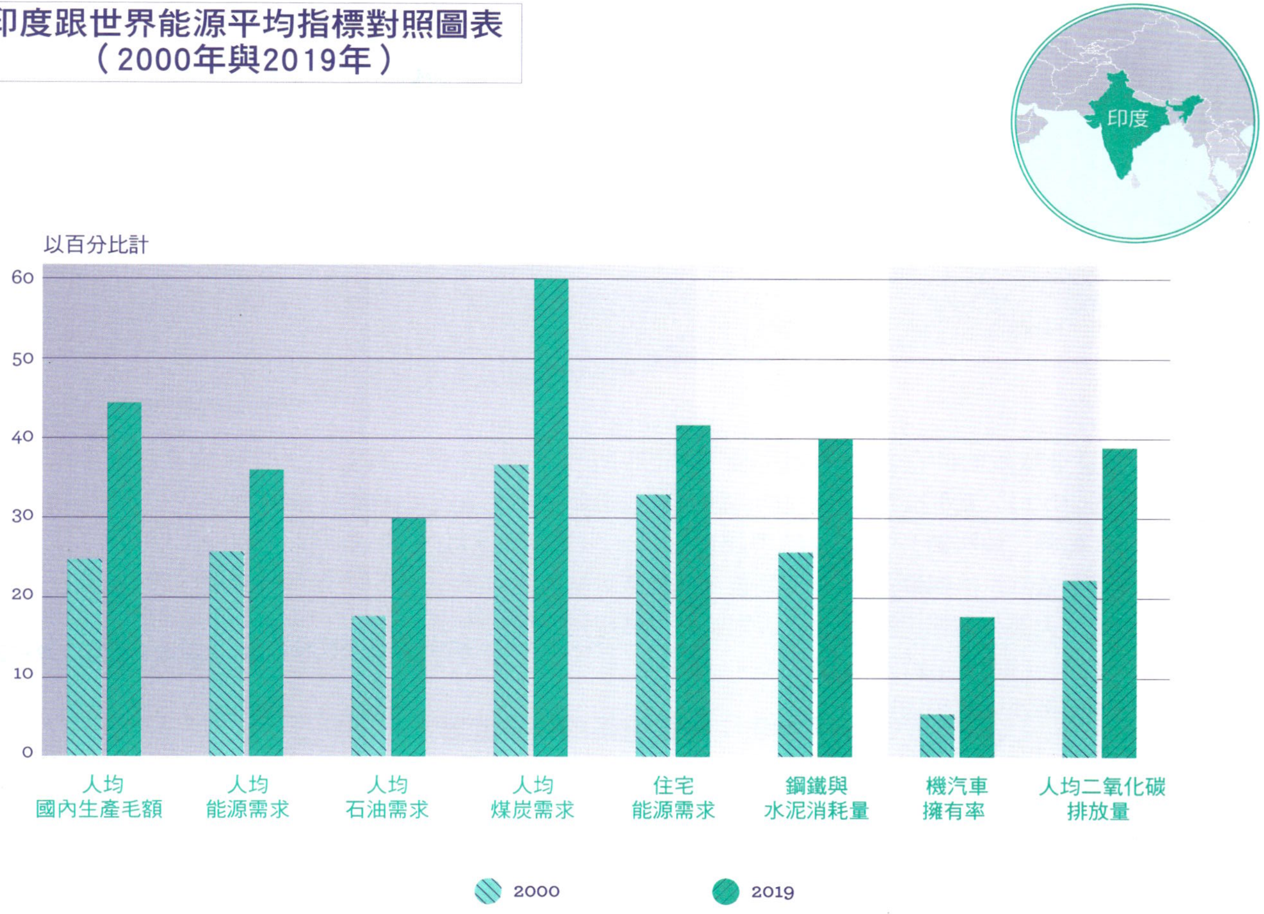

以百分比計

指標	2000	2019
人均國內生產毛額	~17	~42
人均能源需求	~22	~35
人均石油需求	~17	~25
人均煤炭需求	~35	~60
住宅能源需求	~15	~42
鋼鐵與水泥消耗量	~22	~42
機汽車擁有密	~5	~10
人均二氧化碳排放量	~18	~45

◇ 2000　● 2019

印度

15 俄國在全球能源轉型中扮演什麼角色？

俄國不僅是全球主要的化石能源生產國，同時出口大量低碳技術所需的金屬（如鈷、鎳與鉑），因此在國際舞台上依然扮演關鍵角色。俄國的經濟決大部分仰賴化石能源出口。然而，自2014年俄國因吞併克里米亞而接連受到美國與歐盟的制裁，加上自入侵烏克蘭後面對新一波制裁與石油出口禁運的威脅，預計將進入一段漫長經濟與金融不確定時期，並逐步被排除在西方國際社群之外。在全球能源轉型趨勢之下，俄國政府勢必大刀闊斧，推動產業結構邁向多元化，否則將難以實現長期穩健的經濟成長。

天然氣：自食惡果的外交武器

俄國是全球最大的石油生產國之一，2020年占全球總產量超過12%（僅次於美國與沙烏地阿拉伯，排名第三）。同時，俄國也是重要的石油出口國，約有50%的產量用於外銷，其中超過53%出口至歐洲，32%則銷往中國。若歐洲禁運俄國石油，將縮小俄國的能源貿易順差──這是全球利潤最高的貿易商品之一。化石能源在俄國經濟結構占有舉足輕重的地位，加上國家嚴密掌控產業的發展，俄

066 GÉOPOLITIQUE DES ÉNERGIES

國的經濟成長因此極易受到油價波動與外部新制裁的衝擊（如禁止出口石油與天然氣設備等），這些因素恐讓能產力下降。儘管近年來，由於非能源產品出口的增加，石油價格與俄國內生產毛額之間的連動減緩，俄國仍然容易受到能源市場不利變化的影響。

俄國缺乏結構性改革，加上國際新一波制裁與禁運的威脅導致經濟形勢惡化，妨礙產業多元化的發展。2020年，俄國生產的天然氣約占全球市場總產量的16.5%，同時還是世界最大的天然氣出口國。俄國在煤炭市場亦不容小覷（為世界第六大生產國），總產量的70%為外銷。

碳氫化合物——特別是天然氣，一直是俄國用來壓製對亞洲和歐洲的重要外交手段，自2000年代初以來，俄國屢遭指控在與鄰國

（如波羅的海國家、喬治亞與烏克蘭）的衝突中，把天然氣當作武器使用（隨著歐盟對俄國採取的多項制裁（歐盟從俄進口天然氣占45%，而石油近30%），莫斯科恐將逐漸失去最主要的出口市場。歐盟希望在2030年前擺脫對俄國化石燃料的依賴，俄國將不僅承受龐大的財務損失，也將被迫擴大投資，建設面向亞洲市場的出口基礎設施。

如何轉型？

即便俄國在蘇聯時期曾是低碳技術（如風力發電）領域的先驅之一，但再生能源的發展至今仍步履蹣跚，主要受限於國內天然氣價格低廉、歐盟施行嚴格的法規環境，以及保守的法規環境，再生能源的發展目標，配套實施路線圖也缺乏具體細節。儘管俄國會在2019年10

月批准《巴黎協定》，卻未因此大舉推動再生能源。此外，目前再生能源計畫多由大型企業如俄羅斯水電集團Rusnano主導，產業如奈米科技公司Rusnano主導，產業結構上幾乎沒有中小企業發揮創新的空間。國家科技發展的兩大弱點在於：研發經費有限且重心集中於公部門，阻礙私人企業發展。隨著國際制裁，俄國戰爭破壞產業結構，以及化石燃料價格波動導致預算受限，形勢雪上加霜。儘管如此，俄國在兩方面仍占優勢：一是核能產業的技術實力與國際市場上的地位；二是受到國家支持的「氫能戰略」，由中國營天然氣原子能公司（Gazprom）和俄羅斯國營天然氣原子能公司（Rosatom）推動。在全球走向減碳的趨勢中，這兩項優勢仍可能使俄國成為具技術價值的重要夥伴之一。

要點

作為碳氫化合物生產與出口大國，俄國在全球能源市場中占據核心地位，尤其是歐盟主要的供應國。不過，俄國的能源結構單一、極度受能源價格的波動影響，而且再生能源的整合程度有限。由於歐盟計畫於 2030 年前減少對俄國能源依賴，俄國未來的能源出口前景恐將受到嚴重衝擊。

焦點

俄國的石油產量估計約為每日 1,160 萬桶，可能已於 2019 年達到歷史高峰。這項數據最初由國際能源總署在全球能源展望報告中提出，如今也成為俄羅斯聯邦能源部所採納的最有可能情境。預計到 2040 年，石油產量將下降約每日 100 萬桶，降至約 1050 萬桶／日。成熟油田的自然枯竭、目前投資不足以及國際的制裁，是造成這一趨勢的主要原因。儘管石油產業仍有一些發展前景（例如非常規石油與北極蘊藏的石油），但皆因開採成本過高問題而受阻。另一方面，俄國的天然氣產量預計至 2040 年將增加 15%，卻由於俄烏戰爭及最大出口市場的流失，相關預期可能面臨下修。主要消費市場（如亞洲）的去碳化趨勢及國際制裁，將持續衝擊俄國的碳氫化合物產量，並導致其在全球能源市場中的影響力下滑。

油價驅動俄國經濟成長示意圖

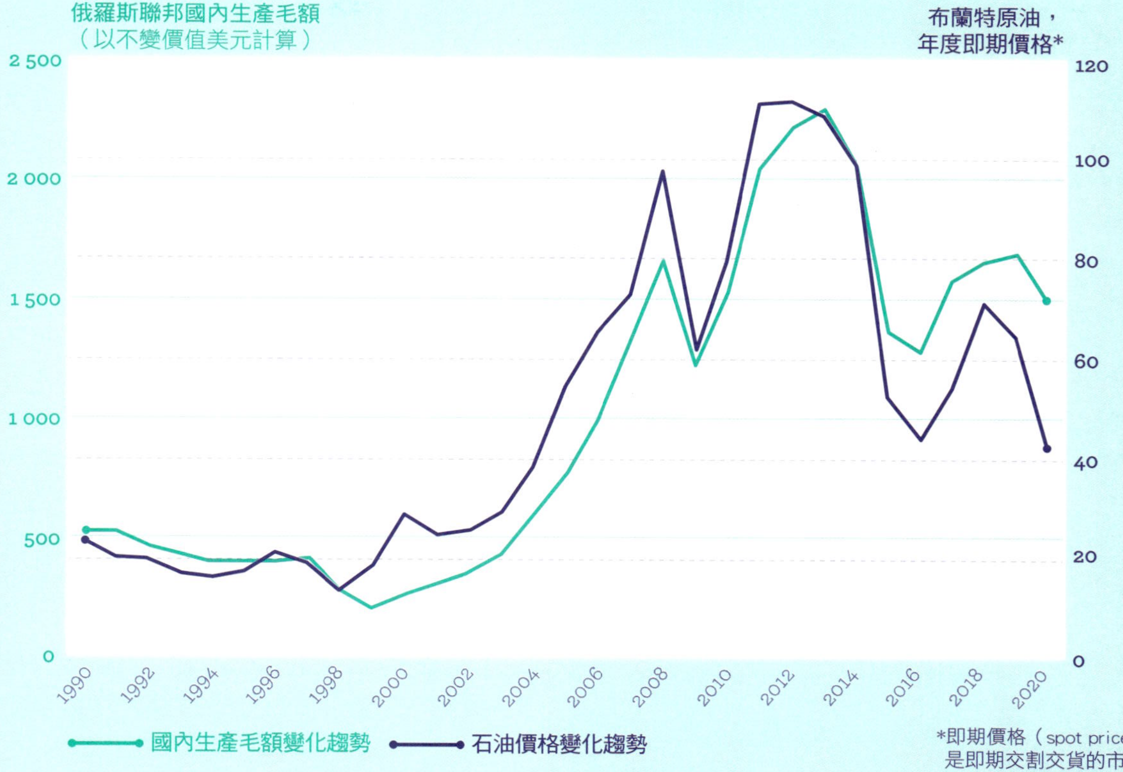

俄羅斯聯邦國內生產毛額
（以不變價值美元計算）

布蘭特原油，年度即期價格*

— 國內生產毛額變化趨勢
— 石油價格變化趨勢

*即期價格（spot price）指的是即期交貨的市場價格。
（以不變價值美元計算）

16 日本：能源市場的地緣政治參與者

日本是全球第五大能源消費國，由於島國地理特性，能源方面幾乎依賴海運貿易。作為全球第三大經濟體，日本幾乎完全依賴進口石油（為全球第五大石油消費國、第四大進口國）與天然氣（為全球最大液化天然氣進口國）。2020年11月，時任日本首相的菅義偉宣布調整日本的環保政策目標，企圖在2050年前實現碳中和，只不過，對於全球第五大二氧化碳排放國而言，此目標極富挑戰，因為日本近70%電力仰賴化石燃料，且2011年3月發生福島核災後，至今尚未完成重建。

日本能源安全問題

在第一次石油危機爆發前夕，日本是全球最依賴化石燃料的國家。基於此，日本在1970年代推出了一套頗具野心的能源安全政策，整體可歸納為三大主軸。首先，日本善用國內高效率、創新力強的產業基礎，迅速制定各項措施，大幅降低每一單位GDP所消耗的能源數量（又稱能源密集度），讓日本成為全球能源使用效率最高的國家之一。其次，早在1960年代，日本就開始推動能源的多樣化轉型，包括投資發展核

070 GÉOPOLITIQUE DES ÉNERGIES

能發電,並進口液化天然氣。1955年,日本通過首部民用核能法案,並與美國簽訂合作協議,最終在1966年成立第一座核能反應爐。主導核電發展,直到福島核災發生前夕,約有33座核電廠。

1973年,日本已有5座核電廠,隨後投資擴大,但2011年的福島核災對多個產業部門(如農業、工業)造成重大衝擊,日本作為亞洲科技大國的地位,也引起外界的質疑。

自1970年代以來,日本在能源領域展開重要的國際合作。

自1970年代以來,日本在能源領域展開重要的國際合作。日本眼其他國家或外國企業打交道時,背後有明確的經濟目標:除了取得穩定的能源供應,同時也為日本工業產品開拓海外市場。日本積極展開國際合作時,也常陷入兩難

局面。例如,伊朗在2019年以前,曾是日本的重要石油供應國,但由於美國的制裁政策,俄國也是類似情況——一個涵蓋亞洲、中東與非之間自由貿易、航行的區域及促進基礎建設的連通性。

日本有近90%的石油來自中東地區,考量到俄國跟日本的地理鄰近位置,雙方本應有發展能源合作的潛力。不過,由於日本與俄國之間的千島群島領土爭議未解,兩國至今尚未簽署正式的二戰和平條約。再加上俄烏戰爭爆發後,日本配合西方陣營,對俄祭出制裁措施(禁止進口俄國煤炭、限制電子產品出口等),這些政策更加不利雙方關係發展。在區域戰略方面,日本則轉向與美國、印度和澳洲合作,重新啟動四方安全對話,同時推動所謂「自由開放的

印太」政策(Free and Open Indo-Pacific)。後者被認為是中國「一帶一路」的抗衡政策,目標是建構一個涵蓋亞洲、中東與非之間自由貿易、航行的區域及促進基礎建設的連通性。

邁向氫能社會?

2021年,日本大幅調高了2030年前再生能源占比的目標。不過,燃煤嚴發電問題仍是這個島國面臨的一大挑戰。為了解決能源安全、環境保護與經濟三方面的問題,日本自2014年以來就開始發展氫能。作為這個領域的技術先驅,日本在各種氫能發展藍圖,打造一個真正的「氫能社會」。日本因此積極展開國際合作,推動氫能技術專利的研發與申請,希望確立國內企業在全球氫能發展中的領導地位。

要點

日本的能源幾乎完全仰賴進口。為確保能源穩定供應，日本推動了一套能源安全政策，內容包含：分散供應來源、提升能源使用效率、以及加強國際合作。發展再生能源的同時，日本同時積極布局氫能領域，企圖成為全球氫能領域要角，這讓日本在未來的氫能地緣政治格局中將占有一席之地。

焦點

日本金屬與能源安全組織（Japan Organization for Metals and Energy Security, JOGMEC）成立於 2004 年，是日本的獨立行政法人，由日本石油公司（負責石油與天然氣供應安全）與日本金屬礦業局（負責金屬資源安全與相關環境法規）合併而來。自創立以來，JOGMEC 一直被視為日本在全球原物料市場上的戰略執行者，主要任務包括：協助日本企業尋找海外合作對象與市場、拓展海外市場（投資與資產擔保）、研發政策；加強蓬萊業、物料與電力等不同產業間的連結。在石油與天然氣方面，JOGMEC 成立了一個專門的研究單位——JOGMEC 技術與研究中心。目前重點研發領域包括：提高石油採收率技術、開發天然氣水合物（可燃冰）、氫能技術的應用用與突破。

O72 GÉOPOLITIQUE DES ÉNERGIES

俄國與日本之間的千島群島主權爭議

蒙古

越南

中國

寮國
（南中國海）

臺灣

菲律賓

北韓
南韓

東海

日本海

日本

俄國

庫頁島
（俄國）

鄂霍次克海

千島群島
（俄國）

拉特群島
（美國）

太平洋

日本聲稱主權的島嶼：
擇捉島（俄稱伊圖魯普）
國後島（俄稱庫納希爾島）
色丹島（俄稱希科坦島）
齒舞群島（俄稱哈伯邁群島）

500 公里

17 沙烏地阿拉伯：進入轉型時代

沙烏地阿拉伯擁有全球第二大石油儲量（僅次於委內瑞拉），同時也是全球最大的原油出口國。作為 OPEC 的領導成員，沙國不論在規模還是對區域領導地位的爭取（尤其是面對伊朗的競爭），都是波斯灣各石油君主國之首。在石油市場重新洗牌、美國重返能源強國之列及全球能源轉型加速的背景下，沙國必須調整經濟結構與外交策略。

「2030 願景」計畫

油氣部門約占沙烏地國內生產毛額的 40％，政府財政收入的 65％，並貢獻近 78％ 的出口。自 1990 年代以來，國內能源需求快速攀升，突顯能源產業的重要性。沙國僅有 3,300 萬人口，卻是全球第五大原油消費國——這一現象正是數十年來能源補貼與低油價政策促使的結果。在此背景下，2016 年啟動的經濟轉型計畫顯得格外重要。該計畫名為「2030 願景」，體現沙國透過重塑經濟與社會基本結構，將沙烏地阿拉伯置於加速經濟世界中心的決心。目標是加速經濟多元化，並把國家打造連結亞洲、非洲與歐洲的商業樞紐。該計畫的第一要務，是降低

國有企業（其中包括石油產業）在國內生產毛額中的比重，將非能源產品出口提高到總出口額的近50％，為沙烏地總經濟注入活力。同時，計畫將鎖定優先投入發展的產業，營造有利於外商直接投資環境。然而，這一「對外」面向迄今成效有限——流入的外資僅小幅上揚（低於GDP的1％，遠遠不及6％的目標）。政府雖積極宣傳「地中海的目的地」延伸景點，以「中東的蔚藍海岸」為號召的開發計畫和推廣豪華旅遊的「紅海計畫」等，卻未能加快國內投資的腳步。計畫的資金來源主要依賴現行石油收益，以及部分民營化的沙烏地阿美（Saudi Aramco，2019年12月釋

出1.5％股份掛牌上市），但2016年以來由於油價劇烈波動，此資金模式仍相當不穩定。「願景2030」亦涵蓋社會改革，旨在轉型沙國社會，包括：勞動市場改革，提升女性地位，以及重塑社會福利體系（如補貼制度的調整）等。

尋求區域霸權

數十年來，沙烏地阿拉伯有兩大特殊性：一是跟美國莫基於《昆西協定》上的特殊友情誼。不過，隨著美國對沙國石油的依賴大幅下降，以及全球原油需求預計將於2030至2040年左右達至頂峰，這一戰略夥伴關係正受到衝擊。同

時，沙烏地、伊朗與土耳其多年來不斷角逐區域領導權，穆罕默德・本・沙爾曼（Mohammed bin Salman Al Saud）上台後，在區域內發動的攻擊性外交策略，皆以失敗告終：葉門內戰：2017年挾持黎巴嫩總理哈里里事件；同年對卡舒吉（Jamal Khashoggi）遇害等。在石油市場方面，沙國眼見俄國在OPEC+的框架下結盟，伊朗與周邊國家砲口一致；但沙國仍難以與同盟打交道的能力。拜登政府調整中東政策後，沙國不僅形象受損，也缺乏堅實的聯合盾。2020年9月，以色列分別與阿聯合大公國及巴林簽訂《亞伯拉罕協議》（Abraham Accords），沙國靜觀中東局勢變化的同時，也不斷找尋自身的定位與介入方式。

**沙國所發動的攻擊
性外交策略，皆以
失敗告終。**

要點

沙烏地阿拉伯是全球石油市場的主導國及最大出口國。為推動經濟與社會結構的轉型，沙國制定了「2030 願景」計畫。不過改革進展緩慢，部分原因是沙烏地阿拉伯國際間的形象不佳，導致外資吸引力下滑。為了在中東地區維持領導地位，沙烏地阿拉伯如今亟需尋找替代石油的其他經濟發展。

焦點

沙烏地阿美（全名為沙烏地阿拉伯石油公司）是全球規模最大、獲利最高的石油企業。2020 年的原油日產量約 1,100 萬桶。2019 年公司營業額約為 3,550 億美元，獲利達 1,110 億美元。沙烏地阿美的企業歷史即是沙烏地阿拉伯現代發展的縮影。該公司在 1980 年完成全面國有化，成為國營企業。它的源起可追溯至 1933 年，當時沙國國王阿卜杜勒阿齊茲（Abdulaziz）將第一個石油開採權賦予美國加州標準石油公司（Standard Oil of California，簡稱 Socal）。接著 1930 年代中期，德士古公司（Texaco）也參與了石油生產的發展。1945 年後又與紐澤西標準石油公司（Standard Oil of New Jersey）與紐約標準石油公司（Standard Oil of New York）合作。1944 年，公司正式命名為「阿拉伯國石油公司」（Arabian American Oil Company，簡稱 Aramco）。在 1972 年公司部分國有化之前，Aramco 長期被視為美國勢力滲透中東石油領域的代表。根據 1945 年簽署的《昆西協定》，Aramco 成為美沙合作關係的重要工具，包括能源供應與區域安全等領域。1988 年，公司更名為「沙烏地阿美石油公司」，現今有近 8 萬名員工。

沙烏地阿拉伯的石油生產與消費量（單位：百萬桶／日）

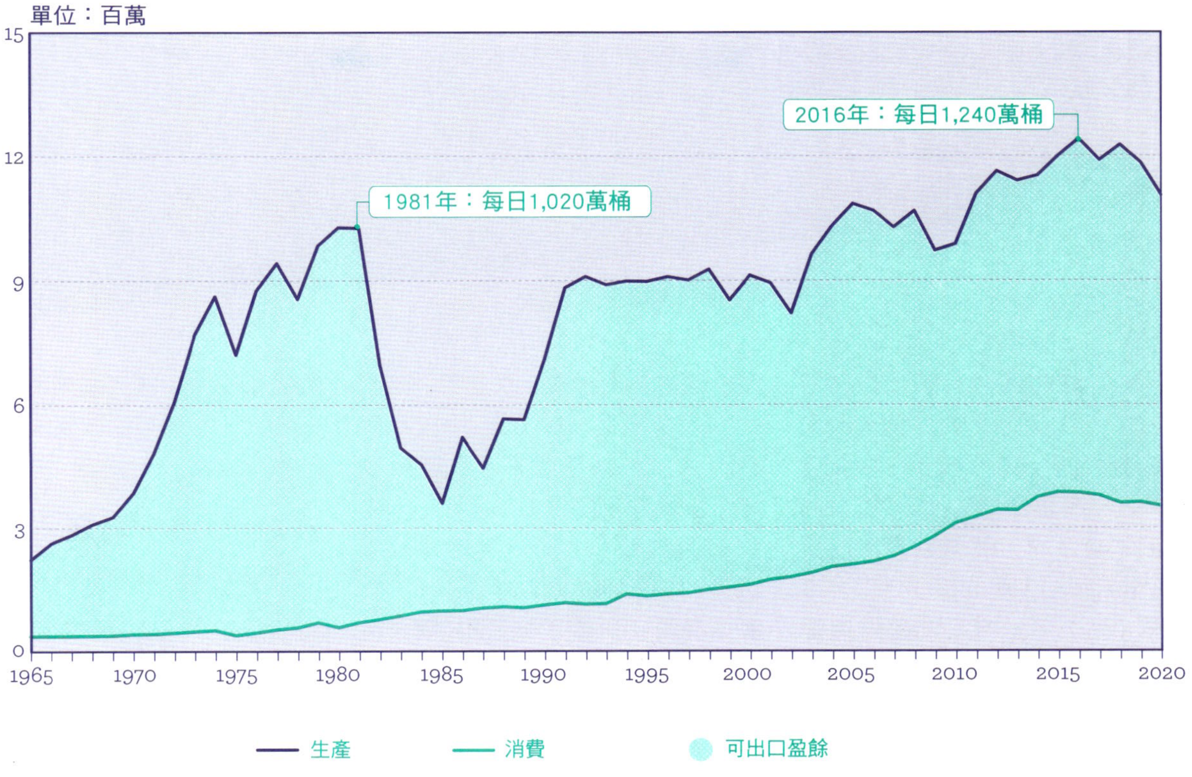

單位：百萬

1981年：每日1,020萬桶

2016年：每日1,240萬桶

── 生產　── 消費　● 可出口盈餘

18
波斯灣國家：介於衝突與能源轉型之間

波斯灣的產油大國（沙烏地阿拉伯、科威特、巴林、阿曼、卡達與阿拉伯聯合大公國）、伊拉克與伊朗，握有全球約48%的石油儲量與全球40%的天然氣儲量。波斯灣是全球石油生產的核心地帶（占全球30%），坐擁石油國際運輸的要道——荷姆茲海峽（Strait of Hormuz）。由於豐沛能源資源，

波斯灣近五十年來一直是明爭暗鬥（如兩伊戰爭、1990至1991年伊拉克入侵科威特戰爭、葉門戰爭等）以及外在勢力干預之地——尤以美國為主（如2003年的伊拉克戰爭）。全球能源的轉型趨勢，帶動這些國家調整自身經濟結構，但各國產業的多元化程度不一。在沙烏地阿拉伯與伊朗爭奪區域領導權

的背景下，中國在波灣地區日增的影響力，也將可能改變美國對伊朗的政策立場。

產業朝向多元發展

儘管沙烏地阿拉伯、阿聯、科威特、巴林、阿曼與卡達早在1981年就成立了海灣國家合作理事會（Gulf Cooperation Council, GCC），但這

希望整合的努力,仍未建立起區域性的共同市場或貨幣聯盟。在推動產業多元化方面,波灣產油國各自為政,缺乏一個區域整合。阿拉伯聯合大公國自 1990 年代起,便緩慢但穩定推動產業多元,這也使它蛻變為「中東的新加坡」,不僅在杜拜開設國際金融中心,並成為國際旅遊與貿易樞紐。在「2021 願景計畫」中的創新政策鼓舞之下,產業百花齊放(優先的產業包括:再生能源、核能、運輸、太空工業、健康醫療、水資源管理)。阿聯政府將重點放在提升國民技能水準,並吸引外國資本。此外,也透過明確的「軟實力」戰略,來補強這些政策(例如建立國際航空公司、收購曼徹斯特城足球俱樂部,以及成立羅浮宮阿布達比

博物館等),意在跟卡達相互較勁。卡達是全球最大液化天然氣出口國,因此在全球能源轉型過程中享有相對有利的前景。由於天然氣的二氧化碳排放量低於石油,它可能成為邁向再生能源的過渡能源。雖然卡達產量在 2018 至 2020 年間銳減了近 30%,拜登上任之後,立場開始轉變。拜登有意解除川普政府時期對伊朗的「極限施壓政策」。然而,2021 年 6 月,極端保守派的伊布拉欣·萊希(Ebrahim Raïssi)當選伊朗總統,預示美伊兩方的談判仍有漫長之路要走。這個膠著局面,有可能因為中國與伊朗的「戰略合作」而得到緩解。伊朗實施的「仰望東西」戰略,意在加強與中國的經濟合作,推動與亞洲的貿易交流,而這一趨勢可能間接促使美國鬆綁對伊朗的制裁政策。

在推動產業多元化方面,波灣產油國各自為政。

美國與伊朗關係出現轉機?

伊朗擁有全球第二大天然氣儲量與第四大石油儲量,同時也是中東人口最多的國家。自 2012

至 2015 年間,由於遭國際社會制裁,能源市場的地位失勢;此後從 2018 年起,又因美國單方面的安全理事會常任理事國加上德國(即 P5+1)與伊朗在維也納簽訂核能協定,但後來美國退出、導致伊朗經濟大幅受挫,其石油出口量在 2018 年大受打擊。2015 年,

第二部 誰是全球能源霸主? 079

要點

石油與天然氣生產大國必須加快經濟多元化的腳步,以因應全球能源轉型的趨勢。走在最前端的國家(如阿聯與卡達),不僅是產業多元齊放的絕佳範例,在全球舞台上的軟實力提升也有目共睹。至於伊朗,則因中國在中東地區影響力的擴張而跟有限鄰周邊鄰國和美國談判的外交籌碼。

焦點

自1945年以來,中東地區始終是國際地緣政治中動盪局勢頻繁的地區。如今,這裡更成為中美遠端的角力戰場。由於高度依賴中東地區的化石能源,中國多年企圖提高在區域中的地位,來壓低美國的影響力。例如:

自2005年以來,中國在該地區的投資總額達2,100億美元,且成為大多數中東國家的首要貿易夥伴。2021年3月,中國外交部長王毅對沙烏地阿拉伯、巴林、阿聯、伊朗、阿曼及土耳其進行巡訪,展現出北京有意將自己定位為中東地區「穩定與安全的保障者」。中國也簽署了多項經濟合作協議,例如與伊朗簽署的長達25年、價值4,000億美元的投資協議。這些行動的核心戰略,是要讓中國成為中東地區「戰略協調的主導者」,尤其促進區域對話。在此背景之下,中國也正推動去除美元的貿易結算體系。

伊朗的地緣戰略環境

伊朗的外交關係狀況
- ➔⬅ 外交靠攏
- 🟩 伊朗的戰略夥伴
- ⬤ 無外交關係
- ✴ 伊朗不承認或視為敵國的國家
- ✴ 美國軍事基地或設施所在地
- ✴ 內戰中的國家
- ☢ 國內局勢動盪
- ☢ 擁核國家

伊朗的戰略防禦概念
- 🟩 主要武器供應國
- ⌒ 伊朗沙哈布（Shahab）彈道飛彈射程

美國 — 地中海 — 以色列
飛毛腿 1300 公里
土耳其 ↕ 伊朗
最遠射程 2500 公里

埃及、黎巴嫩、約旦、敘利亞、伊拉克、喬治亞、亞美尼亞、亞塞拜然、俄國、土庫曼、烏茲別克、塔吉克、吉爾吉斯、中國、阿富汗、巴基斯坦、印度、沙烏地阿拉伯、科威特、巴林、卡達、阿拉伯聯合大公國、阿曼、葉門、紅海、吉布地、印度洋

500 公里

19
非洲的能源發展走向

非洲擁有超過13.4億人口，集中近11.2億居住在撒哈拉以南非洲的48個國家，是世界人口第二多的大陸。據聯合國預測，非洲人口在2050年將成長近一倍。儘管非洲擁有豐富的能源與礦產原料，但經濟表現卻很糟糕：僅占全球生產總值約3%，國際貿易僅的2%，而人均能源消耗僅為全球平均值的三分之一。能源基礎建設的發展是撒哈拉以南非洲經濟起飛的關鍵，因為全球75%的缺電人口集中於此地區。

非洲的矛盾現象

非洲擁有全球約7.2%的石油儲量、7%的天然氣儲量，以及近20%的鈾礦資源。此外，非洲還蘊藏對低碳科技至關重要的金屬資源，例如：幾內亞的鋁土礦、剛果民主共和國的鈷，以及尚比亞的銅。石油的主要生產國為：奈及利亞、阿爾及利亞、安哥拉與利比亞。近30年來，非洲的石油產量占全球總量的8%至12%。911事件促使非洲石油地區的戰略地位提升，並有利於撒哈拉以

南非洲逐漸成為能源消費大國（如美國與中國），擴大能源來源的關鍵角色。撒哈拉以南的石油發展仍深受殖民歷史影響。非洲在1960至1990年間普為歐洲列強的勢力範圍，如今則成為各大石油公司競爭激烈的市場。與北非相比，撒哈拉以南非洲的石油產量與出口量明顯提升，而奈及利亞的區域霸主地位也因安哥拉的崛起而受到挑戰。不過，非洲產油國普遍面臨經濟結構過於單一和原物料價格波動性高等挑戰。

近年來，東非成為石油與天然氣企業的目光焦點。2000年代中期為干達境內發現油田後，整個區域的探勘和肯亞油田的開採。目前最具投資吸引力的，是坦尚尼亞與莫三比克的天然氣潛力。根據估計，莫三比克擁有僅次於奈及利亞與阿爾及利亞的非洲第三大天然氣儲量，可能在2030年前成為主要出口國。中國在此區投入大量資金，占東非外國直接投資的近60%。

然而，該國的天然氣發展仍因惡化的安全局勢而遲滯不前，而資源治理與環境問題也引起許多爭議。

東非成為石油與天然氣企業的目光焦點。

再生能源轉型即將起飛？

為實現聯合國所倡導的「人人享有永續能源」目標，非洲必須將總發電量翻倍。但是，投資於發電設施或電力網路的資金遠遠不足，而現有的基礎建設依然老舊不堪。撒哈拉以南地區的電力供應碳排比例超過70%，再生能源僅占27%，其中大部分是水力發電，僅佔南非擁有2座核反應爐。儘管如此，非洲在再生能源方面仍有巨大潛力，尤其包括：太陽能、生質能、地熱能、水力。肯亞在地熱、塞內加爾在太陽能方面已有具體成果，但整體潛力仍未被充分開發。太陽能與水力發電也可能成為鄰近國家合作與發展的新動力。撒哈拉以南地區擁有世界最年輕的人口結構，以及充滿活力的新創公司，這些條件為有潛力發展再生能源，成為地區未來經濟成長的關鍵之一。

要點

非洲的自然資源豐富、人口年輕且具活力，具有巨大的發展潛力。但是經濟結構過於單一且電力產業投資不足，長期以來限制地區的經濟起飛。同時，潛力龐大卻仍未被充分開發的再生能源，可能成為非洲未來實現經濟成長的關鍵因素之一。

焦點

過去十五年，中國對外投資中有將近3,000億美元流向撒哈拉以南非洲，後者成為中國海外投資第二大受惠地區。自1955年萬隆會議以來，中國便表明跟非洲大陸保持關係和緊密合作的意願。即使在1980年代中期，中非關係曾一度出現外交空窗期，但2000年代之後，中國對非洲的外交政策重新啟動。這一時期中非貿易以原物料（如石油、礦物）的貿易為主，並發展出透明度低且涵蓋內容廣泛的經濟協議，包括：貿易協議、債務減免、援助擴增和基礎建設。中國希望藉這種不附帶條件的合作模式，在非洲各國政府與人民心中留下深刻印象，這與多數國際金融機構形成強烈對比。

O84 GÉOPOLITIQUE DES ÉNERGIES

非洲、亞洲與全球人均二氧化碳排放量

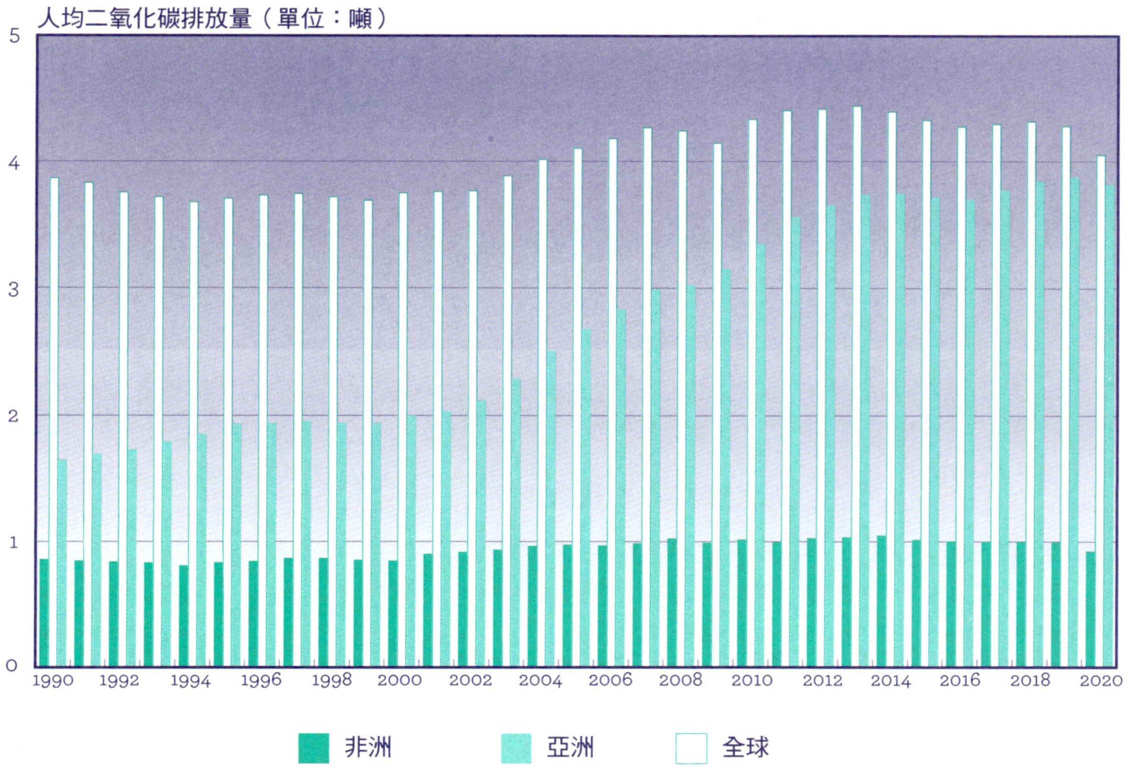

人均二氧化碳排放量（單位：噸）

■ 非洲　■ 亞洲　□ 全球

20 拉丁美洲的新興能源國家

拉丁美洲是全球二氧化碳排放量最低的地區，甚至比非洲還低。這一現象主要歸因於該地區的再生能源佔總發電超過65%的比例，其中水力發電占比相當大。儘管如此，各國能源組合差異顯著。例如委內瑞拉擁有全球最多的石油儲量，卻面臨空前的經濟危機；巴西則是本地區最大的油氣生產國，而阿根廷、哥倫比亞與秘魯這些國家，則因天然氣而逐漸嶄露頭角。

巴西的矛盾現象

自從2019年波索納洛（Jair Bolsonaro）當選總統後（任期2019至2023），巴西在國際地緣政治舞台上引起諸多質疑。憑藉其幅員遼闊——國土面積超過法國的十六倍——以及其龐大的人口規模（全球排名第五）與2000年代展現出的經濟活力，巴西在21世紀初的能源領域留下了深刻印記。目前，巴西是全球第八大石油生產國，自2015年起產量超越委內瑞拉。自2000年以來，這主要歸功石油產量成長三倍，這主要歸功於1990年代末政府所啟動的積極政策，以及國營的巴西石油公司（Petrobras）的興起和對近海油田

086 GÉOPOLITIQUE DES ÉNERGIES

巴西渴望成為拉丁美洲的再生能源強國。

的探勘與開發。2006至2007年間發現的油田，不僅為巴西在石油發展方面的潛力背書，也徹底改變國際投資者對此產業的前景看法，確立巴西石油公司探勘深海油田的技術領先地位。唯一的負面因素是企業涉及的貪腐醜聞，多位經濟與政治人物因而遭逮捕，包括總統魯拉（Luiz Inácio Lula da Silva）。

巴西除了石油潛力備受國際關注，再生能源水在電力結構中占據主導地位，電力的碳排放是全球最低的國家之一，2020年再生能源比例超過83%。多樣的地理環境，使巴西成為第二大的水力資源國家，僅次於中國。此外，巴西也投資民用核能，目前有兩座運轉中的核反應爐，具備核能產業鏈上中下游所需的資源與技術優勢，无以擁有全球第七大鈾礦儲量（約占全球5%），為供應鏈的一大優勢。巴西的農產品（如咖啡、大豆）與金屬資源（如鋁土礦、鐵礦與鈮）也同樣豐富，具備多元發展潛力。作為生質燃料的先驅，巴西現正積極吸引太陽能與風力產業的國際投資，渴望成為拉丁美洲的再生能源強國。

發展情況懸殊的其他南美國家

自2017年以來，委內瑞拉因受美國經濟制裁的影響，陷入前所未有的政治危機。在馬杜洛（Nicolas Maduro）具爭議的連任後，美國對委內瑞拉國營石油公司（PDVSA）下達禁運令，並限制當地取得國際融資。由於委內瑞拉經濟結構十分依賴石油出口（占比超過95%），因此難以擺脫經濟困境。自2009年以來，委內瑞拉生產體系的瓦解導致石油產量銳減到一百萬桶。其他新興國家（阿根廷、哥倫比亞等）天然氣生產的擴張，以及智利、玻利維亞與阿根廷在低碳技術所需礦資源（銅、鋰等）方面的潛力，使得這片大陸成為現今全球能源領域值得探索的關鍵區域。

要點

拉丁美洲擁有全球第二多的石油儲量,僅次於中東,是全球能源舞台上不可忽視的重要地區。儘管各國發展情況不一:委內瑞拉目前正陷入經濟結構上的危機,能源強國巴西的崛起卻不容小覷。整體而言,拉丁美洲擁有諸多優勢來面對未來全球能源挑戰,例如再生能源潛力及反轉型能源技術所需的金屬資源。

焦點

自 1975 年起,巴西政府啟動了「酒精計畫」。當時巴西高度依賴石油進口供給能源需要,政府因此開始推動第一個生質燃料生產計畫(將甘蔗轉化為生質乙醇)。除了希望降低石油的支出,此計畫同時也意在讓甘蔗生產主要生產商擺脫國際糖價劇烈波動所帶來的限制。政府在實施初期引入多項財政支持措施,包括生產補助、購車補助、優惠貸款利率等。1980 年代,由於國際石油價格大跌與經濟蕭條,此計畫一度受阻;但 2000 年代初開始重新復甦。時至今日,巴西已成為全球第二大生質乙醇消費國與生產國。由於勞動成本低廉,巴西所生產的生質燃料亦公認是最具全球競爭力的能源。

巴西與美國的生質燃料生產概況、南美洲在全球生質燃料生產占比示意圖

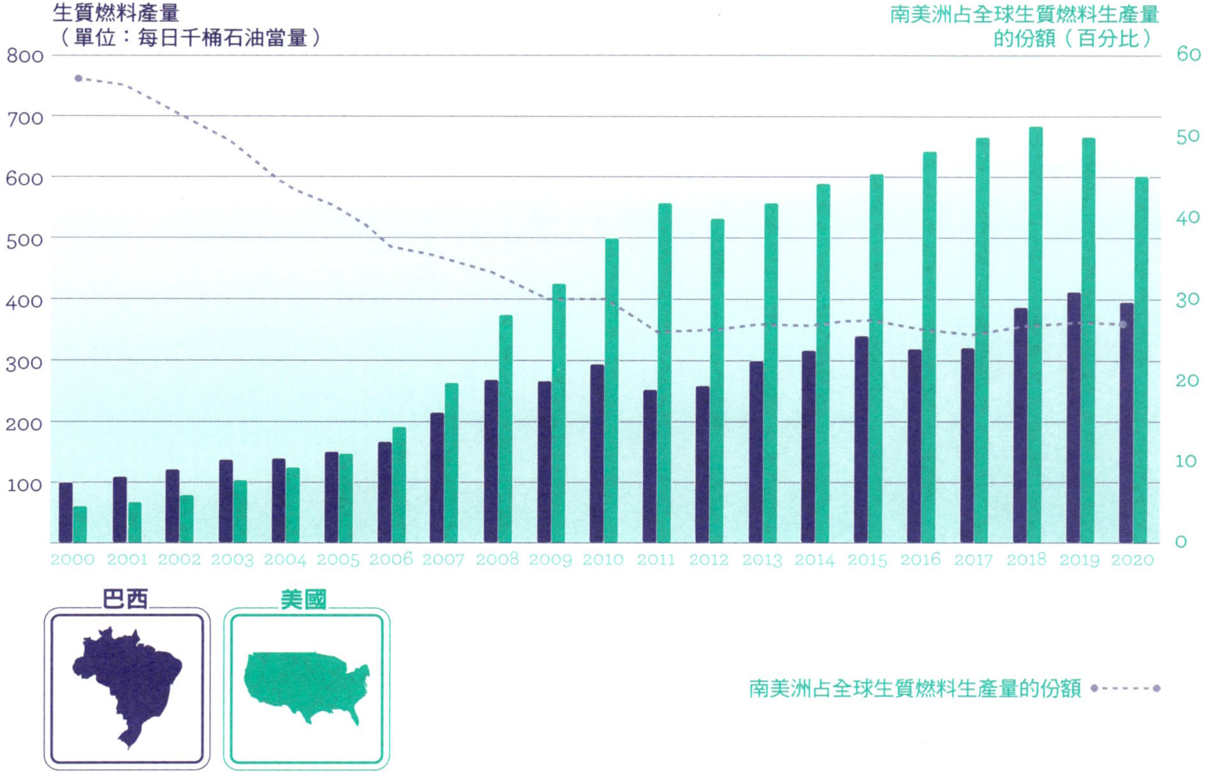

生質燃料產量
（單位：每日千桶石油當量）

南美洲占全球生質燃料生產量的份額（百分比）

巴西

美國

南美洲占全球生質燃料生產量的份額

第三部

能源市場的經濟與制度規範

21
石油輸出國組織：內部改組的必要性

石油輸出國組織擁有全球約70%的石油儲量，並占目前全球石油總產量約36%，至今仍是象徵1970年代政治、地緣政治與經濟格局的重要機構。雖然其他原物料市場也曾出現類似的經濟組織（如銅輸出國家政府間協議會〔Intergovernmental Council of Countries Exporters of Copper, CIPEC〕、國際鋁業協會〔International Aluminum Institute, IAI〕），但OPEC卻是1980年代市場自由化浪潮中唯一存續的組織。隨著全球能源加速轉型與美國強勢重返全球石油市場，來自外在或內部的深層轉變，迫使OPEC不得不自我重新定位。

一個難以整合的經濟聯盟

1960年9月，在主要產油國日益高漲的訴求推動下，OPEC 巴格達成立，創始成員包括沙烏地阿拉伯、伊朗、伊拉克、科威特與委內瑞拉。此組織成立的契機，是為回應1950年代國際石油巨頭壓低油價的政策。這些成員國也紛紛成立各自的國營石油企業，例如伊朗在1954年成立的伊朗國家石油公司（National Iranian Oil Company, NIOC），以及科威

092 GÉOPOLITIQUE DES ÉNERGIES

特在1960年設立的科威特國家石油公司（Kuwait National Petroleum Company, KNPC）。在1960年代，OPEC的行動基於三大主軸：控制油價、統一石油稅制，以及協調成員國的產量。

1973年，OPEC宣布對支持以色列的西方國家實施石油禁運，不僅充分展現自身的市場影響力並引發了1973至1974年的第一次石油危機。此後，OPEC又經歷了數次震盪：1986年的原油崩跌危機、1997年的亞洲金融風暴，以及2014年與2020年初的油價暴跌。不過，OPEC成員國之間的眾多分歧、使組織內部難以維持紀律，有些OPEC成員國無論是自油儲量和生產能力、人口結構、經濟發展與社會條件等方面都是否有差異，這些歧異影響了各國的生產為，也左右它們產業多元發展或重新分配石油收益的意願。此外，OPEC內部缺乏成員國間的補償機制（例如再分配基金），也缺少確保各國遵守產量配額的獎勵措施。

從OPEC到OPEC＋

自2016年12月簽署的「維也納協議」，（OPEC成員國同意減產120萬桶石油）以來，全球石油格局出現重大變化。OPEC與十個主要產油國（俄國、墨西哥、哈薩克、亞塞拜然、巴林、汶萊、馬來西亞、阿曼、蘇丹與南蘇丹）建立了新的合作關係，組成「OPEC＋」聯盟。這一聯盟的目標是擴大全石油產量的管理範圍，其市場占有率一度突破全球總量的50％，這項合作促使油價從2016年每桶43美元的平均價位，回升至2019年約64美元。2020年的全球石油市場遭遇劇烈動盪，特別是OPEC十國內部的合作破局。由於新冠疫情的打擊（原油需求下降和油價暴跌），沙烏地阿拉伯與俄國展開激烈的產量競爭，數週之後，OPEC＋在沙烏地阿拉伯與俄羅斯的支持下，達成一項歷史性的全新協議。OPEC＋主要領導國的目標在於打破「沙烏地阿拉伯」三強鼎立的局面，具體作法是縮減美國非常規石油的產量，因其生產成本遠高於另外兩個勁敵。在全球能源市場變局的背景之下（2030至2040年間達到需求高峰），OPEC存續與否，將取決組織適應變局同市場、重返國際市場並在更遙遠的石油可能對利比亞與伊朗能力。未來，組織有可能面對石油重返國際市場，並在更遙遠的未來，應對以色列的國際能源機構，將是徹底轉型為一個代表拉路，則是徹底轉型為一個代表南方國家的國際能源機構，專注於再生能源並致力推動會員國邁向產業多元發展。

OPEC存續與否，將取決組織適應變局的能力。

要點

作為石油地緣政治及推動發展的重要推手，OPEC正面臨關鍵的轉捩點。面對全球去碳化的壓力與石油需求量的下滑，OPEC被迫適應嶄新環境。OPEC＋的成立（特別是跟俄國拉攏關係），目的是為了對抗美國在石油市場上的強勢回歸。然而，從中期來看，OPEC必須推動結構改革，協助成員國走向經濟多元化發展，才能應對未來變局。

焦點

雖然OPEC本質上是一個經濟組織，目標是穩定石油市場，但它涉及的政治面向同樣關鍵。組織成員國大多來自歷史上衝突激烈的地區，例如1950至1988年間的兩伊戰爭，以及1990年伊拉克入侵科威特等事件。沙烏地阿拉伯與伊朗，以及沙烏地與卡達之間的對立，過去和現在都影響OPEC的決策機制。儘管成員國之間的衝突情況不斷，OPEC仍展現出極強的包容力，並保持吸引力。作為開放型的組織，OPEC陸續迎來新成員，例如：安哥拉（2007年加入[1]）、赤道幾內亞（2017年）、剛果（2018年），還有1995年退出又於2016年重新加入的加彭；不過也有成員退出，如印尼（2016年）、卡達（2019年）和厄瓜多（2020年）。

[1] 安哥拉在2023年退出OPEC。

OPEC成員產油概況（截至2021年1月31日）

國家	人口（百萬）	2020年石油產量（百萬桶/日）	占全球石油總產量比例（%）	占全球石油總儲量比例（%）	儲量與年產量比（年）	加入組織年份
阿爾及利亞	43	1,33	1,50 %	0,70 %	22,5	1969
安哥拉	30,81	1,32	1,50 %	0,50 %	15,8	2007
沙烏地阿拉伯	33,7	11,03	12,50 %	17,20 %	68,9	1960
剛果	5,24	0,30	0,30 %	0,20 %	24,1	2018
加彭	2,11	0,20	0,20 %	0,10 %	25,1	2016
赤道幾內亞	1,3	0,16	0,20 %	0,10 %	16,7	2017
伊拉克	38,43	4,11	4,70 %	8,40 %	83,1	1960
伊朗	81,8	3,08	3,50 %	9 %	120,6	1960
科威特	4,13	2,68	3,00 %	5,9 %	92,8	1960
利比亞	1,76	0,39	0,40 %	2,8 %	107,9	1962
奈及利亞	195,9	1,79	2,00 %	2,10 %	48	1971
阿拉伯聯合大公國	9,63	3,65	4,10 %	5,60 %	67	1967
委內瑞拉	28,87	0,54	0,60 %	17,50 %	ND	1960
OPEC	476,68	30,63	34,60 %	70,10 %		1960

22
全球能源市場治理的可能？

目前並沒有一個真正代表所有能源參與者（無論是出口或進口國、國營或私人公司）的整體利益，且涵蓋所有能源市場（如電力、天然氣、石油等）的全球能源組織。從歷史上來看，以石油領域為例，全球的市場架構是透過一系列制度安排逐步形成，而這些制度都反映了權力結構的關係。1970年代，OPEC取代了第一次世界大戰結束到第二次世界大戰開始前由「七姐妹」（七家英、美、荷出資的石油公司）組成的國際石油企業聯盟，主導石油定價；然而，到了1980年代初期，OPEC自身又受到市場自由化浪潮的挑戰。即便如此，能源治理依然是核心議題，因為能源議題牽涉廣泛，不僅與地緣政治（如民族主義、主權、衝突）息息相關，也影響經濟運作（如運輸、價格）與環境保護（如永續性、碳排放）。目前，全球能源治理是由形形色色的機構，各自依據不同目標，共同構成的一套多元體系；並因應2000年代以來的市場與政策變化持續演進。

五花八門的能源組織

今日的能源產業，是由國際市場、各國法規、以及利益參與者的代表機構共同組織而成。現在有一套國際機制，負責制定能源市場及交易的規則與標準。在

這個框架中，一些國際組織——如世界貿易組織（WTO）或大宗商品交易所——在利益參與方的運作機制中的演要角。能源領域的機構往往各自為政，並且有高度專業化的傾向，例如國際原子能總署（International Atomic Energy Agency, AIEA）或國際能源總署（IEA）。後者成立於1974年，即第一次石油危機的隔年，主因是經濟合作組織（OECD）的主要石油消費國家希望箝制OPEC的影響力。IEA成立的二十年來，一直聚焦於能源安全議題，尤其是石油進口條件：第一，擁有相當於90天淨進口量的石油儲備能力；其二，這些儲備必須迅速動員，以便根據1979年建立的緊急應變協調機制

在市場上發起集體行動。此一機制共啟動五次（1991年、2005年、2011年與2022年兩次）。此外，20世紀也陸續出現了許多國際性組織、論壇與計畫，促進能源領域內各國利益參與方或各國間的對話與合作，例如世界能源理事會、國際能源論壇（International Energy Forum, IEF）以及「採掘業透明度行動計畫」（Extractive Industries Transparency Initiative）。

持續演變的組織

隨著環境議題日益重要，國際再生能源總署（IRENA）於2009年成立，到2021年，該組織已有167個成員國，致力於能源轉型合作及推廣再生能源。新興國家，尤其是亞洲地區的能源消費迅

速增長，促使IEA與中國、印度等八個國家簽署合作協定，創立初期專注於碳氫化合物，逐漸發展為涵蓋多種能源的專業機構。目前，組織的分析範疇已擴展至氣候議題與低碳技術，並力求成為全球能源領域的領導組織。2021年5月，IEA為聯合國氣候變遷大會（COP26）撰寫的報告中，呼籲停止對化石燃料的新增投資。對於該組織建立單一的全球能源治理組織，抑或維持多元機構並行，目前尚未有其識，但當前能源產業正面臨一系列全球挑戰：氣候變遷、資源民族主義、資源外交，以及新興產油國國營能源企業的崛起，這些因素迫使所有利益參與者的全球能源治理體系。此外，IEA與IRENA兩大機構之間的較勁，也可能有助於建立全球能源治理的架構。

國際能源總署的分析範疇已擴展至氣候議題與低碳技術。

要點

今日，全球尚無一個統合所有能源參與方並涵蓋所有市場的能源治理機構。雖然現有的能源相關組織數量眾多，涵蓋的功能也十分多樣（提供統計數據、維繫參與者之間的關係、制定技術標準、推動合作成制定未來展望等）。然而，面對包括環境議題在內的諸多全球性挑戰，「是否該建立單一的全球能源治理組織？」這個問題依然懸而未決。

焦點

儘管目前已有許多國際與政府間的組織或多或少專注於能源議題，不過嚴格來說，至今仍未出現涉及礦產與金屬領域的國際型組織。是至在2021年於格拉斯哥舉行的第26屆氣候變遷大會（COP26）上，相關議題也未被提及。然而，由於基礎設施、工業與消費設備的需求增加，以及再生能源投資的推動，全球金屬礦產的開採量已成長了3.5倍。考量到金屬需求預計持續攀高，且將在能源轉型中扮演關鍵角色，這些原物料有可能成為新一波的競爭與衝突焦點。設立一個專責的國際組織，不僅能為金屬生產國與消費國之間提供對話平台，也可望在氣候變遷嚴峻挑戰下，拓展新的國際合作空間。舉例來說，金屬與礦產生產者可以與低碳技術的供應者交流，進一步建立雙贏的合作協議。

098　GÉOPOLITIQUE DES ÉNERGIES

能源產業機構範例

機構名稱	成立年份	成員數	宗旨	機構屬性	規範方式
國際原子能總署 總部：維也納	1957	176	• 推廣安全、受保障且和平用途的核能技術	聯合國系統內的獨立機構	
經合組織核能署（AEN） 總部：布洛涅比揚古	1958	34（與中國、印度有戰略性合作）	• 核能資訊交流	OECD政府間組織	
石油輸出國組織 總部：維也納	1960	12國	• 協調並統一成員國的石油政策，確保石油市場穩定，以提供消費者有效率、經濟實惠且固定的石油供給，為生產國帶來穩定收入，並為投資石油產業者提供公平的資本報酬。	政府間組織	• 設定每個成員國的生產配額
國際能源署 總部：巴黎	1974	31個成員國（與非OECD的南非、巴西、中國、印度、印尼、摩洛哥、新加坡和泰國家有聯盟協議）	• 初期目標：協調成員國共同應對石油市場危機 • 隨後的發展任務：能源安全、經濟發展與環境保護 • 針對整體能源市場與技術層面 • 釐定能源轉型可能方案 • 對話平台	OECD政府間組織	• 市場監控與詳細統計資料 • 能源保障標準：每個成員的國際能源儲備量必須等於至少90天淨進口量的石油儲備量 • 緊急應變的協調機制
國際再生能源總署 總部：阿布達比	2009	168	• 以永續發展為目標，推廣低碳技術的普及，並促進成員國之間的技術合作 • 針對低碳能源市場與技術層面提出政策建議	政府間組織	
世界能源理事會 總部：倫敦	1924	約100個設有國家委員會	• 參與全球與區域能源議題的討論、分析與解決方案的探討 • 並發布綜合性報告	非營利、非政府組織	
國際能源論壇 總部：利雅德	1991	70	• 促進消費國與生產國在能源安全議題上的對話	多邊對話平台	

23 邁向綜合能源公司的時代

從「七姐妹」到初步調整經營模式的嘗試

第一次世界大戰凸顯石油的戰略重要性，引發石油企業大規模投資與激烈競爭，最終導致油價崩跌。為應對此危機，紐澤西標準石油公司（後衍生為埃克森、英伊石油公司（隨後成為英國石油公司）和荷蘭皇家殼牌於1928

國際石油企業（International Oil Companies，簡稱IOC），包括英國石油公司、雪佛龍（Chevron）、埃克森美孚（ExxonMobil）、埃尼（Eni）、殼牌（Shell plc）、道達爾能源（TotalEnergies）經常成為新聞焦點。2019年，這些公司營收高達1.3兆美元，但他們僅掌握全球約13%的石油產量與12%的現有石油儲量。直到1960年代中期為止，這些國際石油公司幾乎在石油價值鏈的各個環節（探勘與開採、煉油、運輸與分銷）都獨占鰲頭，但隨著各產油國的國家石油公司（National Oil Company，NOC）勢力逐漸壯大，IOC的影響力開始式微。如今，面對全球能源轉型的挑戰，一部分的IOC已採取多角化策略，試圖轉型為綜合能源公司。

年簽訂《紅線協定》（Achnacarry Agreement）*，正式瓜分市場，分享產量資訊並協商定價。這項協議被視為七姐妹石油卡特爾（cartel，獨占利益集團，企業聯盟）誕生的起點，之後也由紐約標準石油公司（後轉為美孚）、加州標準石油公司（後易名為雪佛龍）、海灣石油（Gulf Oil）以及德士古等簽署。

1945 至 1970 年間，這些石油巨頭得以掌控幾乎全球所有的石油產量、超過七成的煉油業務，以及大部分的石油分銷網絡。然而，隨著 OPEC 崛起、1973 年石油危機與產油國國有化政策的相繼衝擊，迫使 IOC 調整商業模式。他們開始尋找新的油源，與新興產油國簽訂特許協議或產量分成方案，其中有些公司也嘗試拓展業務，投入天然氣或其他能源領域（煤炭、地熱、核能和鈾礦等）。1980 年代中期油價

崩跌之後，石油產業展開了新篇章，進入大幅重整業務結構、削減成本與裁減人力的時期。1997 年亞洲金融風暴、油價暴跌以及石油巨擘的市值下滑，促使這些企業在 1990 年代末展開大規模的併購潮，最終形成今日的石油巨頭。雖然這些公司並不擁有油田資源，但仍保有技術上的優勢，並具備管理和大型國際專案的豐富經驗。即便面對國家石油公司的日益精進和來勢洶洶的競爭，IOC 在煉油與化工等產業仍具有一定的實力。

適應新世代，還是固守舊有路線？

過去十年，IOC 面臨三個困境：維持核心的石油業務以確保營業存續、繼續讓股東獲利，和能源轉型投資。油價的劇烈波動、社會體系面臨要求停止資助高碳排活動的壓力、公眾與股東施加的壓力，產業對新鮮人吸引力不足，以及全球石油需求可能達到頂峰⋯⋯這些因素都迫使 IOC 加速轉向多角化經營。相較於美國的 IOC，歐洲的 IOC（英國石油公司、殼牌、道達爾能源）早已進入太陽能、風電、電池、天然氣和電力等領域，即便目前這些業務仍只占小部分收益；美國的 IOC 雖然擁有較豐沛的油氣資源，但亦欲成為大型綜合能源公司，目前卻尚未開始轉型。歐洲面臨能源轉型與氣候危機而前景不明的情勢之下，產業內恐將迎來新一波的併購潮。

要點

如今，這些國際大型石油公司面臨關鍵轉型時刻。除了國際金融體系日益排斥對高碳排產業的投資、公眾與投資人的施壓，加上全球石油需求可能趨近高峰等，這些因素迫使業者不得不改弦易轍。部分公司已經展開能源轉型，投資再生能源領域，目標是轉型為「綜合型能源企業」。

焦點

1890年，美國總統班傑明・哈里遜（Benjamin Harrison）簽署了一項《休曼反壟斷法案》（Sherman Act），起因是約翰・洛克斐勒（John D. Rockefeller）旗下的標準石油公司（Standard Oil Company）遭到壟斷指控。不過，直到西奧多・羅斯福（Theodore Roosevelt）總統任內的1906年，才正式對該公司提起訴訟。這場官司歷時五年，最終於1911年判決將標準石油分拆為30多家公司。其中，新澤西標準石油公司（1972年更名為埃克森）獲得約50%的集團資產，紐約標準石油公司（後更名為美孚）則分得約10%。這兩家公司於1998年合併，成為今天的全球第二大石油公司——埃克森美孚。此外，加州標準石油公司（1984年更名為雪佛龍）也在2005年購了另一家標準石油印第安那公司（Standard Oil of Indiana，後來的AMOCO）則於1998年與英國石油合併。作為洛克斐勒石油帝國的嫡系後代，埃克森美孚與雪佛龍德士古在2020年也曾討論合併事宜。儘管最終未能成案，但此事仍說明在能源邁向轉型、前景迷茫的局面之下，石油產業恐將出現整併潮。

石油市場及國際（IOC）和國家（NOC）石油公司的時間表

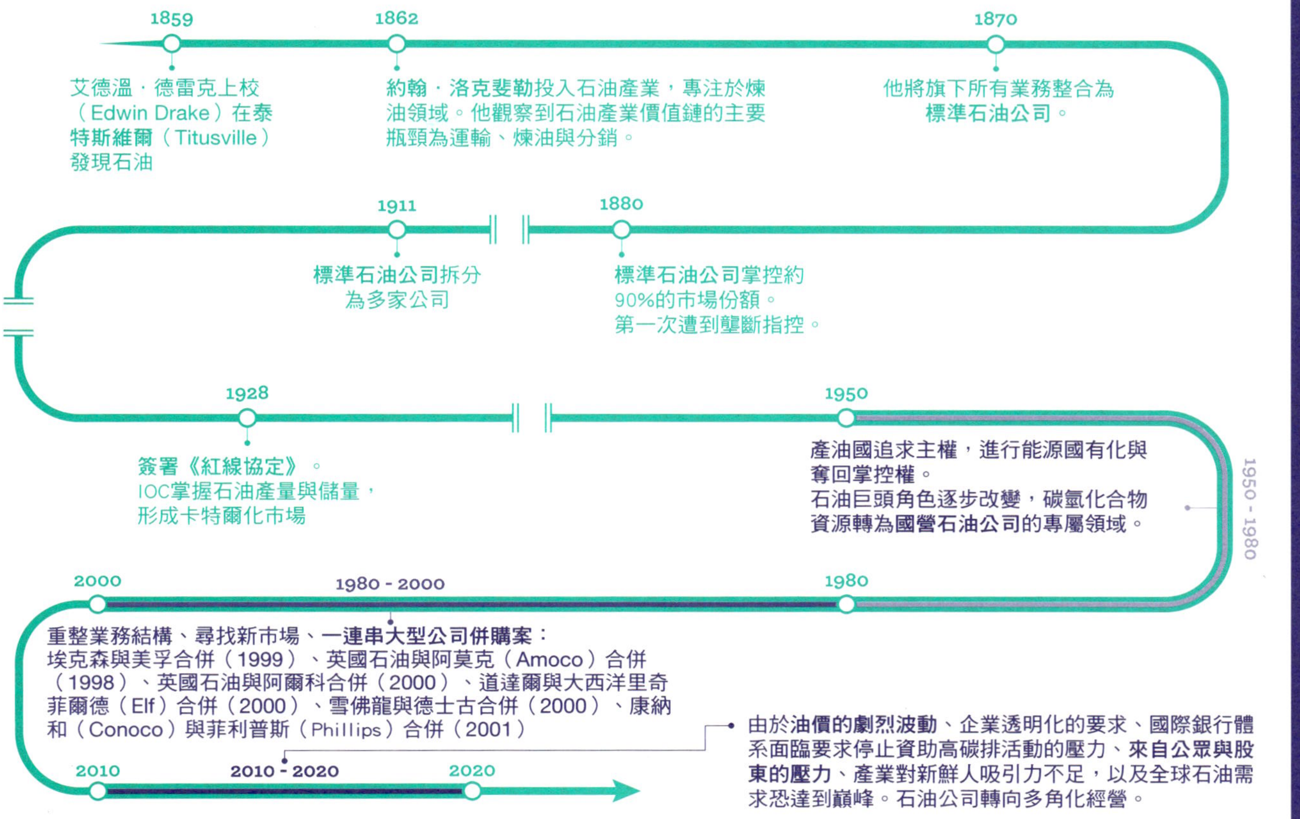

1859 艾德溫・德雷克上校（Edwin Drake）在泰特斯維爾（Titusville）發現石油

1862 約翰・洛克斐勒投入石油產業，專注於煉油領域。他觀察到石油產業價值鏈的主要瓶頸為運輸、煉油與分銷。

1870 他將旗下所有業務整合為標準石油公司。

1880 標準石油公司掌控約90%的市場份額。第一次遭到壟斷指控。

1911 標準石油公司拆分為多家公司。

1928 簽署《紅線協定》。IOC掌握石油產量與儲量，形成卡特爾化市場。

1950 - 1980 產油國追求主權，進行能源國有化與奪回掌控權。石油巨頭角色逐步改變，破壞化合物資源轉為國營石油公司的專屬領域。

1980 - 2000 重整業務結構、尋找新市場、一連串大型公司併購案：埃克森與美孚合併（1999）、英國石油與阿莫克（Amoco）合併（1998）、英國石油與阿爾科（2000）、道達爾與大西洋里奇菲爾德（2000）、雪佛龍與德士古合併（2001）、康納和（Conoco）與菲利普斯（Phillips）合併

2000

2010

2010 - 2020

2020 由於油價的劇烈波動、企業透明化的要求、國際銀行體系面臨要求停止資助高碳排活動的壓力、來自產業對新鮮人吸引力不足、以及全球公眾與股求恐達到顛峰。石油公司轉向多角化經營。

24 終結對化石能源的融資支持

2021 年 5 月，根據國際能源署發布的報告《全球能源部門 2050 淨零排放路徑》指出，若要全球達成碳中和，便必須停止投資新的化石燃料開發計畫。與此同時，G7 成員國（德國、加拿大、法國、美國、義大利、日本和英國）的環境部長也承諾將停止補助煤炭發電的國際計畫案，更進一步來說，全球主要金融機構（包括銀行與保險業）對能源計畫的資金支持，已成為氣候變遷問題的核心之一。

化石能源的融資概況

根據六個國際非政府組織聯合發表的《銀行業和氣候危機》（Banking on Climate Chaos）報告，在 2016 年至 2021 年間，全球前 60 大國際私人銀行對 2,300 家化石能源企業總共投資了約 4.6 兆美元。儘管氣候危機迫在眉睫，這些產業仍大量依賴不同的國際銀行以貸款、股票或發行債券等方式，取得日常營運及新專案所需的資金。然而，許多研究指出，若要有效控管氣候風險，全球大約 60% 的石油與天然氣儲量，以及 90% 的煤炭儲量都不應開採。雖然在 2019 年至 2021 年間，受到新冠疫情的影響，

104 GÉOPOLITIQUE DES ÉNERGIES

銀行對化石能源的投資金額僅略下滑10%，2021年總額仍達到7,500億美元。就已知的私人機構資料來看，前四大投資銀行皆來自美國，分別為摩根大通（JP Morgan Chase）、花旗銀行（Citi）、富國銀行（Wells Fargo）與美國銀行（Bank of America），共占全球總投資的25%以上，其中僅摩根大通一家就占了超過8%。前30大投資中，歐洲主要銀行共提供了超過20%的資金，接著是加拿大（15%）、中國（12%）與日本（9%）的銀行。

法國銀行，包含法國巴黎銀行（BNP Paribas）、法國興業銀行（Société Générale）、法國農業信貸銀行（Crédit Agricole）以及法國外貿銀行（Natixis）在2016至2021年間投資於化石能源共

計3,490億美元，約占總融資額的8%。其投資額在2016年到2020年間幾乎翻倍，在2020年則為860億美元。2021年則降至約450億美元。值得注意的是，這些法國銀行與部分來自日本、中國銀行，是少數在2019到2020年間仍持續對化石能源增加碳投資的機構。

從煤炭著手

能源產業中的企業及其新開發化石燃料項目的資金來源，已成為目前氣候危機中一項核心議題，其中以「煤炭」首當其衝。由於全球約35%的電力仍賴煤炭發電，因此這個產業可說是全球對抗氣候變遷行動的關鍵之一。

目前已有約212家國際銀

行——主以法國與歐洲為主——計畫退出或限制煤炭產業的融資，而大型保險公司也開始拒絕承保煤炭相關專案。不過，2020年光是煤礦相關的資金就高達約250億美元，其中有80%來自中國13家主要銀行。非政府組織目前則追一步呼籲：銀行應停止資助關於非常規石油（如油砂）以及生態敏感地區（如北極）的計畫案。雖然金融機構開始擔憂實質或來自股東的壓力，不過金融機構與能源業者有限，也深受氣候變遷議題牽動。

整體結構性的轉變仍然有限。

主其目前，作為資金提供者，它們的資產負債表上恐出現隨著全球能源轉型而變得無利可圖的資產，或正面臨重大商業模式轉型的企業有資金往來。

第三部　能源市場的經濟與制度規範

105

要點

在全球能源轉型的背景下，化石能源的投資議題顯得格外關鍵。儘管氣候風險日漸升高，大型國際銀行仍傾向於繼續資助該產業。除了燃煤產業已有進展外，化石能源產業的撤資仍在蹣跚前進中。然而，金融體系在能源轉型中扮演關鍵角色。若金融界選擇袖手旁觀，不僅將削弱對抗全球暖化的努力，也會讓銀行業本身面臨氣候變遷所帶來的財務風險。

焦點

所謂的「擱淺資產」，已經是能源與金融界關注近十年的議題。這些資產指的是已完成的投資項目，因應未來的法規變動或市場限制（如氣候政策）而無法任原定壽命期間回收成本。例如，為了應對氣候變遷的緊迫性，我們必須將已探明的部分化石燃料儲量留在地底，消相關開發設計畫；同時，燃煤電廠也應提前除役。擱淺資產可能出現在各行各業，包括上游油氣開發、發電產業、工業和建築業。根據預估，若在2020年代起即大規模投入可再生能源，至2050年，全球擱淺資產的總額估計將達10兆美元；若各界延續現有政策，則這一金額可能攀升至21兆美元——短期的不作為將導致未來被迫採取更劇烈且代價高昂的調整行動。

106 GÉOPOLITIQUE DES ÉNERGIES

全球前12大銀行對化石燃料領域的融資金額

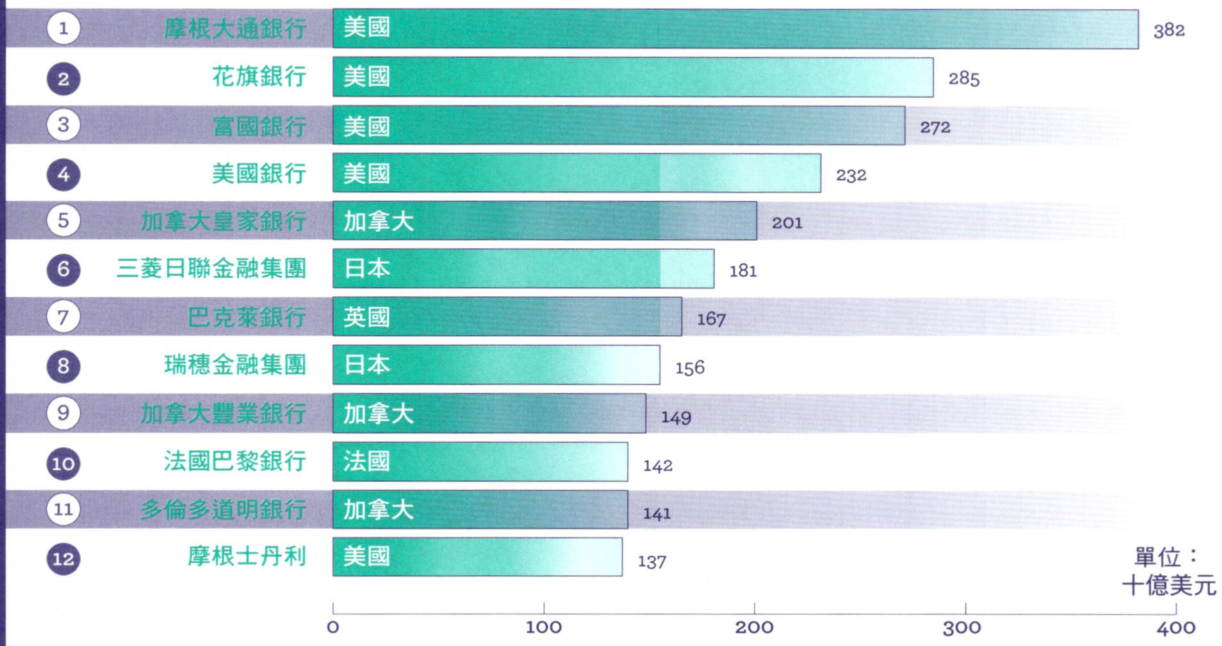

排名	銀行	國家	金額（十億美元）
1	摩根大通銀行	美國	382
2	花旗銀行	美國	285
3	富國銀行	美國	272
4	美國銀行	美國	232
5	加拿大皇家銀行	加拿大	201
6	三菱日聯金融集團	日本	181
7	巴克萊銀行	英國	167
8	瑞穗金融集團	日本	156
9	加拿大豐業銀行	加拿大	149
10	法國巴黎銀行	法國	142
11	多倫多道明銀行	加拿大	141
12	摩根士丹利	美國	137

單位：十億美元

25 國家石油公司：未來的市場主導者？

沙烏地阿美、中國石油化工（Sinopec）與中國石油（CNPC）、俄羅斯天然氣工業股份公司與俄羅斯石油公司（Rosneft）、巴西石油公司，以及委內瑞拉國家石油公司，這些公司多數為百分之百國有或由政府持有超過半數股權，被統稱為國家石油公司。它們還掌握了全球大多數的石油與天然氣儲量，占約三分之二的產量。其中部分國家石油公司在營業額與獲利方面，名列世界前茅，成為國際石油公司的競爭對手。

肩負多種角色功能

NOC 的歷史可追溯至 1938 年，當時墨西哥將石油資產國有化，創立墨西哥國家石油公司（Pemex）成為此經營模式的先驅。隨著 1960 至 70 年代獨立運動與關於資源的主權意識興起，多間 NOC 於焉誕生，例如阿爾及利亞國家石油公司（Sonatrach，1963）、安哥拉國家石油公司（Sonangol，1976）、奈及利亞國家石油公司（NNPC，1977），以及自 1972 年開始部分國有化的沙地阿美公司。某一些 NOC 是完整營運的綜合型企業，也有些則扮演政府與 IOC 之間的中介角色，負責徵收利潤、簽訂合約

108 GÉOPOLITIQUE DES ÉNERGIES

等任務。相較於 IOC 專注追求利益最大化和股東價值，NOC 則承擔更多元的角色——它們可以身兼國庫（少則數%或幾乎全數上繳）、推動社會福利，甚至建立能源貼補機制，成為國內重要就業機會來源，例如在中國大量雇用基層民眾，或肩負特定群體如國家菁英，有影響力的工會成員與政界人士。NOC 的經營策略不一：有些如挪威國家石油（Equinor）的商業策略跟 IOC 相似，強調獲利與永續發展並重；另一些則側重於租稅收益。

邁向國際化

雖然 NOC 在 1970 年代初兩後春筍般出現，但整體產業仍維持長達三十年的依賴（或互補）模式：NOC 擁有石油與天然氣資源，IOC 則掌握市場與技術。在過去（以及現今某些情況下），這種雙方聯合合作共享利益的模式，顯得合情合理。不過，自 2000 年代以來，隨著俄國、委內瑞拉等地的資源（石油與天然氣）民族主義逐漸興起，NOC 開始投資下游產業如煉油與石化，並逐步走向國際化。這股浪潮，促成了整體技術實力的顯著升級。

儘管 IOC 在技術或物流、大型專案管理、人才與資金動員等方面保有一定優勢，但它們正面臨來自 NOC 強勁的競爭壓力。今日，中國、印度與俄羅斯的國家石油公司皆大步走向國際化，已西則尚處初期階段。這些公司在往成為國家對外展現實力的象徵，亦是外交政策

的延伸工具，或肩負著能源安全的戰略目標。中國的對外策略多元且具針對性。中國石油產業在 1990 年代的代表性案例，早在 1980 年代，中國已經建立三大國營石油企業（中國海洋石油、中國石油天然氣和中國石化），並在 1990 年代大力開啟改革產業結構，搭配明確的國際化策略。這一轉型幫助了中國企業正面迎擊國際對手。隨著技術實力的提升，中國與中東等傳統由 IOC 主導的市場競爭。然而，即使經歷上述變革，NOC 依舊與 IOC 一樣，都難以迴避全球減碳壓力。目前多數國營石油公司在低碳能源或可再生能源領域的佈局有限，未來勢必將歷經一場重大轉型。

要點

NOC 如今已成為全球能源舞台上的關鍵要角。自 1990 年代末以來迅速壯大，它們掌握全球大部分的探明儲量與實際產量，如今已具備與 IOC 在市場上旗鼓相當的能力。部分 NOC 大步邁向國際化，不僅是展現國力的表現，也是為了確保能源供應的安全。

焦點

在石油產業中，「儲量」與「資源」是兩個必須明確區分的概念。資源是指地殼中蘊藏的石油總量，無論能否開採；而在經濟與能源領域的分析中，較常見到的是「儲量」這一術語，可分為三種類型：探明儲量（1P 或 P90）：這是指在現有經濟（目前的市場價格）與技術條件下，具有 90% 開採確定性的油量。此類數據通常會公開發布並經過審計。較有可能儲量（2P 或 P50）：即有 50% 的開採確定性。雖然這些數據不一定由生產商主動公布，但在投資與融資決策中仍具有參考價值。或有可能儲量（3P 或 P10）：這類儲量的開採信度僅約 10%，總量大，較不具開發價值。

110 GÉOPOLITIQUE DES ÉNERGIES

主要上市國家公司

- 哥倫比亞國家石油公司
- 墨西哥國家石油公司
- 委內瑞拉國家石油公司
- 阿根廷國家石油公司
- 巴西國家石油公司
- 阿爾及利亞國營石油公司
- 奈及利亞國家石油公司
- 伊拉克巴士拉石油公司
- 挪威國家石油（Equinor）
- 俄羅斯天然氣公司、俄羅斯石油公司
- 亞塞拜然國家石油公司
- 迦納國家石油公司
- 安哥拉國家石油公司
- 莫三比克國家石油公司
- 科威特石油公司
- 沙烏地阿拉伯沙烏地阿美公司
- 伊朗國家石油公司
- 阿聯阿布達比國家石油公司、國際石油投資公司
- 印度石油天然氣公司、印度石油公司
- 泰國石油公司
- 印尼印尼國家石油公司
- 馬來西亞國家石油公司
- 越南越南國家油氣公司
- 中國中國海洋石油、中國石油天然氣和中國石化

太平洋　印度洋

26 美元：能源市場的核心貨幣

自1944年《布列敦森林協定》(Bretton Woods Agreement) 以來，美元成為國際體系的主要貨幣，也是全球大宗商品市場（尤其是石油）的計價貨幣。1971年8月15日，美國總統理查・尼克森 (Richard Nixon) 宣布美元與黃金脫鉤，隨後全球貨幣動盪期，一度衝擊美元在市場中的地位。不過，五十年後的今天，美元依然是石油交易的「貨幣之王」。

油元循環

1970年代，由於全球能源局勢的劇變（石油輸出國組織OPEC的崛起、石油國有化等），世界經濟陷入不確定與動盪之中。1973年第一次石油危機導致油價大幅上漲，外匯市場也受衝擊，最終促成1976年《牙買加協定》(Jamaica Accords)，認可浮動匯率制度。OPEC 國家因油價上漲，出口收益大增，迅速累積美金。但一當美元貶值，購買力也將隨之下滑。至於美國，時任財政部長的威廉・賽門 (William E. Simon) 與時任國安顧問的亨利・季辛吉 (Henry

Kissinger）擔憂美金貶值恐引發經濟震盪與地緣政治局勢的不穩。

擔心石油上漲導致通膨與國際收支失衡擴大：季辛吉則憂心沙烏地阿拉伯會根據西方在中東的外交立場來決定是否投入或撤出資金。為穩定雙邊關係，美國主動深化與沙烏地阿拉伯的外交與經濟合作，並設立專責委員會處理雙方在經濟發展和安全方面的合作事宜。沙烏地阿拉伯隨後啟動大規模基礎建設現代化。同時，沙國將大量資金投入美國企業簽訂合約，推動軍事體系投入美國企業、購買美國債券，至 1979 年已成為美債最大持有國之一。這種「油

美元地位的真正威脅，可能不在於產油國的政策轉變，而在於中國積極推動人民幣國際化。

元循環」體系，建立了美國與全球最大產油國之間類似訴求，但遭沙烏地阿拉伯等國亦在 OPEC 高峰會中提出層密相依的關係。

這也讓美方更有把握，沙烏地阿拉伯不會輕易動搖美元地位，因為會直接損及自身的石油出口收入。

美元霸權走向終點？

2000 年代初期，美元下跌造成部分石油大國考慮改用其他貨幣（如歐元或貨幣組合）來計價。油出口、甚至與美元脫鉤（如科威特）。2000 年初，伊拉克在薩達姆・海珊（Saddam Hussein）執政時期由於政治因素而拒絕美元，導致增加交易成本。隨著 2007 年伊朗與委內瑞拉等國亦在 OPEC 高峰會中提出類似訴求，但遭沙烏地阿拉伯反對。理由是改變計價體系將拖累美元，進而損害產油國的美元資產價值。最終，只有伊朗自 2008 年開始付諸實行，這也是迫於聯合國實施國際制裁而做出的選擇。

從中期來看，美元地位的真正威脅，可能不在於產油國的政策轉變，而在於中國積極推動人民幣國際化。例如，推出以人民幣計價的原油期貨合約、發展「一帶一路」計畫等，都在逐步鬆動美元在全球能源與金融體系中的壟斷地位。

第三部 能源市場的經濟與制度規範 113

要點

美元作為全球主要原物料市場的計價貨幣，至今仍是多數產油國貿易使用的首選貨幣。這套「油元循環」是長期國際合作與共同利益下的產物，也因此得以延續至今。不過隨著中國崛起以及積極推動人民幣國際化，未來美元在全球市場上的霸主地位恐將受到挑戰。

焦點

石油與美元之間的複雜關係，可以透過觀察美元升值或貶值所帶來的影響來簡單說明。當油價上漲時，由於石油以美元計價，市場對美元的需求也隨之增加。在其他條件不變的情況下，這會推升美元在外匯市場上的匯率。相反地，當美元貶值時，若處於浮動匯率制度下，則可能產生以下兩種效應：一方面，由於那些本幣相對美元升值的國家，其石油的實際價格下降，會導致石油需求上升；另一方面，產油國往往收益減少下缺乏投資動機，使得石油供應在中期可能收縮。

114 GÉOPOLITIQUE DES ÉNERGIES

歐元兌美元匯率變化與實質石油價格走勢

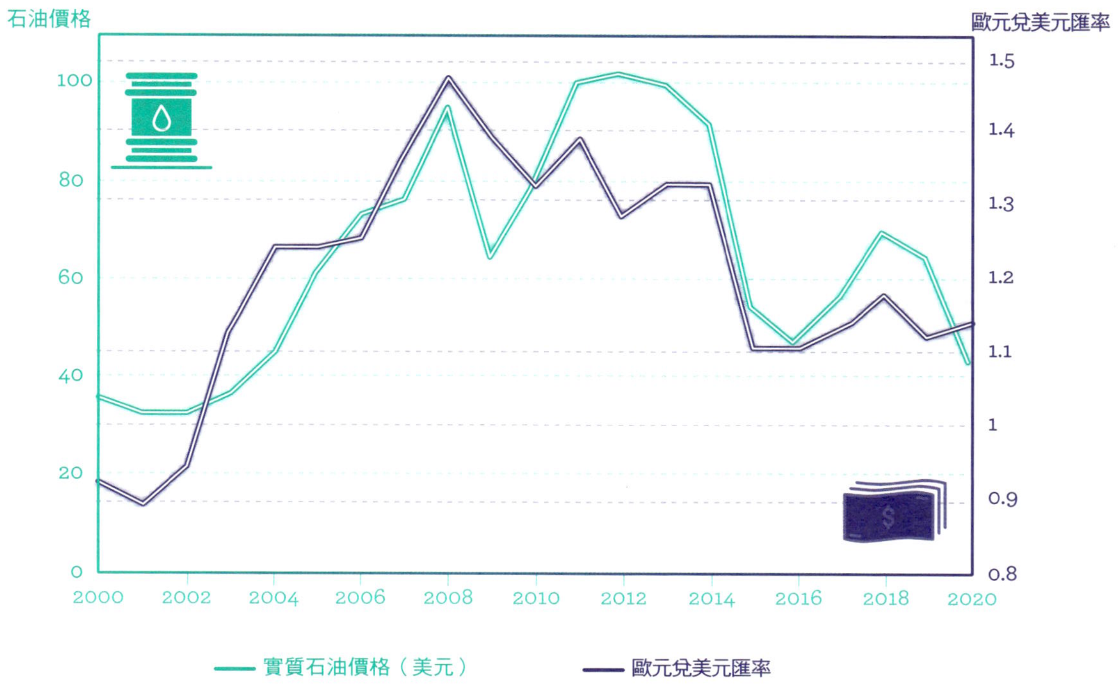

石油價格

100
80
60
40
20
0

2000 2002 2004 2006 2008 2010 2012 2014 2016 2018 2020

歐元兌美元匯率

1.5
1.4
1.3
1.2
1.1
1
0.9
0.8

—— 實質石油價格（美元）　　—— 歐元兌美元匯率

27 全球能源交易所的中國化

2018 年 3 月，上海國際能源交易中心正式推出以人民幣計價的原油期貨合約。目前國際石油市場以三大基準原油：布蘭特（Brent）*、西德州原油（West Texas Intermediate, WTI）*和杜拜／阿曼（Oman Dubaï）*，分別於英國洲際歐洲期貨交易所（Intercontinental Exchange, ICE）、美國芝加哥商品交易所（Chicago Mercantile Exchange, CME），以及杜拜商品交易所（Dubai Mercantile Exchange, DME）掛牌上市。這些合約自 1980 年代起即扮演全球區域供需平衡的計價基準。北京當局有的這項戰略，引起全球能源與金融界的關注。

強化能源市場的影響力

中國是全球第二大原油消費國，但在國際市場的影響力有限，亦缺乏定價權。中國面臨每日油價波動與美元匯率起伏所帶來的影響，且雖然自 2017 年成為全球最大石油進口國，卻無法因此享有任何定價上的優勢。早在 1993 年中國成為淨進口國後，便曾提出石油人民幣（Petroyuan）的構想，但因諸多原因而無法實現：交易商普遍持保守心態，偏好歐美交易平台。

此外，中國的稅賦高與人民幣吸引力低，也被視為對市場參與者缺乏誘因的重要因素。2018年中國推出以人民幣計價的石油期貨合約，是為了解決亞洲市場的區域性問題。西德州與布蘭特原油期貨合約所代表的是歐美原油，較適合歐美市場使用；而杜拜／阿曼合約則對應中等質量的原油，通常來自中東國家。價格也相對低廉。然而，這類原油的定價機制缺乏透明度，使得亞洲國家在進口石油時經常需支付額外溢價。然而，亞洲地區特別是中國——主要消費的正是這類中東原油。中國有高達70%的石油依賴進口。因此，北京推出這類石油合約便有其必要性：除了提升石油定價機制透明度，最終目的是打破既有市場運作邏輯，這項舉措也因中美貿易關係惡化而加速推進。在政府的大力推動與中國煉油

企業的積極響應下，這項合約的迅速發展成為全球第三大石油合約，占全球石油期貨市場的10%至15%。儘管由於外國市場參與方的觀望態度與對中國市場風險的疑慮，使得該合約的要與傳統市場抗衡仍有一大段路要走，但中國已在石油定價機制上爭回主導地位，並逐步加深對市場影響力。

石油人民幣的推出，也可視為中國推動人民幣國際化的策略之一。

石油人民幣的推出，也可視為中國推動人民幣國際化、削弱美元在國際市場主導地位的策略之一。早在2016年10月，國際貨幣基金便已將人民幣納入特別提款權的一籃子貨幣（指一國採用具有不同權重的各國貨幣的組合來決定本

國貨幣的匯率）中，這是第一個被納入的新興市場國家貨幣。儘管目前在全球貿易結算中，人民幣佔比為13%，但人民幣無論是全球交易佔比（2%）、全球外匯儲備中佔比（1%）都仍然處於弱勢。中國透過石油人民幣有機會在全球最大宗物料市場中擴大貨幣的實際應用。中國過去已多次向部分石油供應國提議，以人民幣或黃金替代美元結算。中國亦促使伊朗、俄羅斯和委內瑞拉等國制裁的國家，重啟石油合約的談判，同時鼓勵外國石油企業於上海期貨交易所參與交易商品，並在「一帶一路」投資項目中擴大人民幣的使用範圍，種種決策皆為「一帶一路」倡議的重大轉型美元基礎。

要點

作為全球第二大經濟體與最大石油進口國,中國於2018年啟動以人民幣計價的第一個原油期貨合約。這項合約迅速發展為全球第三大石油合約,超越杜拜交易所的原油合約。這股活力反映出中國企圖掌握石油定價權,推動人民幣國際化,並在全球最大的原物料交易市場上,提供取代美金的另一種選擇。

焦點

一般而言,原物料市場可區分為兩大類:一是實體交易市場,另一則是以原物料為標的的金融衍生合約市場——期貨。前者主要滿足各產業參與者的實際消費需求,可在現貨市場中每日交易,或於這期市場中安排數月後的交易。至於金融市場,則主要有兩項功能:一是為企業避險,如煉油廠或產油商;二是投機操作。這些參與者(如銀行、投資基金等)買賣的是實體原物料掛鉤的金融合約,並不涉及實體商品交割。市場特性與傳統金融市場相似。

118 GÉOPOLITIQUE DES ÉNERGIES

亞洲與中國在全球石油消費中的占比

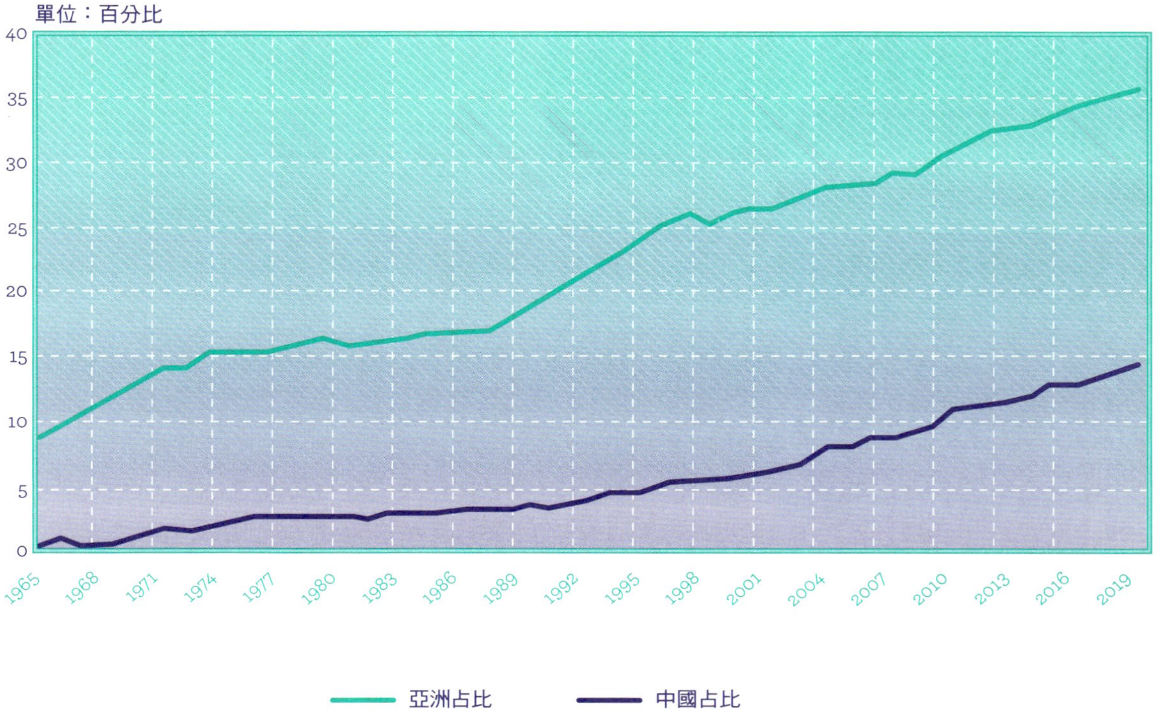

單位：百分比

—— 亞洲占比 —— 中國占比

28 石油危機是否已成歷史？

OPEC 的崛起以及 1973 至 1974 年的第一次石油危機，是全球能源市場的轉捩點。後者動搖了世界最大的能源市場，開啟價格浮動、市場穩定不復存在的時代。

石油：地緣政治的武器

OPEC 的歷史亦與石油危機密不可分。儘管 OPEC 早在 1960 年便成立，但最初的十年對全球油市影響有限——事實上，該組織在初期採取的措施難以控制和穩定價格。直到 1970 年，由於技術、貿易和分銷網絡的掌握，國際大型石油公司依然控制了全球約 80% 的石油出口量。但一系列潛在跡象顯示市場運作邏輯迎來改變：阿爾及利亞、伊拉克、利比亞等產油國開始全面或陸續將石油資源收歸國有；1972 年簽訂的紐約參股協議，讓產油國（沙烏地阿拉伯、科威特、伊拉克、阿拉伯聯合大公國與卡達政府）握有境內營運的外國石油公司 25% 的股份。另一方面，油輪供應不足，導致運輸成本大幅上升。加深市場的不確定性。OECD 國家 1965 年至 1973 年間，石油消耗量增長近 80%。

因此，當 1971 年初 OPEC 與國際石油公司於德黑蘭展開談判

120 GÉOPOLITIQUE DES ÉNERGIES

時，OPEC 正處於上風，爭取夠有利產油國的課稅制度和提高石油價格。不過，隨著 1971 年 8 月尼克森暫停美元黃金兌換，美元大幅貶值，這些進展化為烏有。原訂 1973 年的談判因贖罪日戰爭（同年的 10 月 6 日埃及和敘利亞聯合向以色列發動的戰爭）受阻。1973 年 10 月 16 日，阿拉伯石油輸出國組織（Organization of Arab Petroleum Exporting Countries, OAPEC）宣布石油禁運，油價從每桶 3.60 美元上漲至 5.10 美元，同時每月減少 5% 的產量；同年 12 月，OPEC 再將油價推升至 11 美元以上，兩個月內油價暴漲三倍，全球經濟陷入停滯性通貨膨脹時代。接續而來的第二次石油危機源於諸多地緣政治因素交織的結果：伊朗伊斯蘭革命導致該國石油產量大幅縮水（1978 年至 1981 年間減少了

78%），加上 1979 年 2 月以色列與埃及簽署和平協議後，沙烏地阿拉伯也隨之減產。這些變化推高了國際油價，而 1980 年伊朗與伊拉克戰爭的爆發，導致油價暴漲。

2000 年代的震盪與未來的不確定性

2000 年代，在全球經濟成長率 5% 與中國崛起的帶動下，石油價格再次飆升。在供給緊縮的背景下，油價先後突破平均每桶 50 美元與 90 美元，並在 2008 年 7 月衝高至 148 美元。隨後因 2008 年全球金融危機而回落，降至約 50 美元的關鍵指標。不過，2020 年初油價暴跌，導致市場無法釋出足夠訊號鼓勵投資，繼而影響產量維持。目前全球約有 81% 的油田進入產量衰退期。若未來需求成長回溫，產業恐將出現瓶頸。上游石油產業的預算削減也讓 2020 年在勘探與生產的投資下滑了 30%，相較 2015 年欠了一半。專家預估在 2025 年，市場可能會面臨供應緊縮、價格上漲的壓力，但同時計多年來走向終結。因此，新一波的石油危機仍有可能捲土重來。

第三部　能源市場的經濟與制度規範　121

要點

1970年代,隨著OPEC在國際石油市場上的崛起,全球能源格局發生了重大轉變。在石油需求大幅成長的背景下,地緣政治因素徹底改變了市場結構,特別是在1970年代發生的兩次石油危機期間。在經歷了2000年代緩慢升溫的石油衝擊後,對新一波石油危機的擔憂仍未消散,因為未來十年市場的平衡恐將更為脆弱。

焦點

對能源產業與政府而言,「全球石油的需求即將達到頂峰」的這一想法令人安心。不過,國際能源總署與英國石油公司等機構,預測至2030年石油需求將出現下滑的各種情境,都是奠基於積極推動永續交通系統的能源轉型前提之下。然而,將電動車全面取代傳統燃油汽車,或是實現如汽車共享、自駕車、交通網路優化等新式移動模式,目前仍受制於政策推動力道不足,以及經濟、法規與文化阻礙而無法推廣。「需求達到頂峰」這一概念雖讓人感到安心,但實際上,價格達到高峰可能引發的後果「石油產量達到高峰」,反而讓我們忽略了思考,以及人們日常生活對石油的深層依賴。

2000年以來石油與天然氣價格走勢（每月平均）

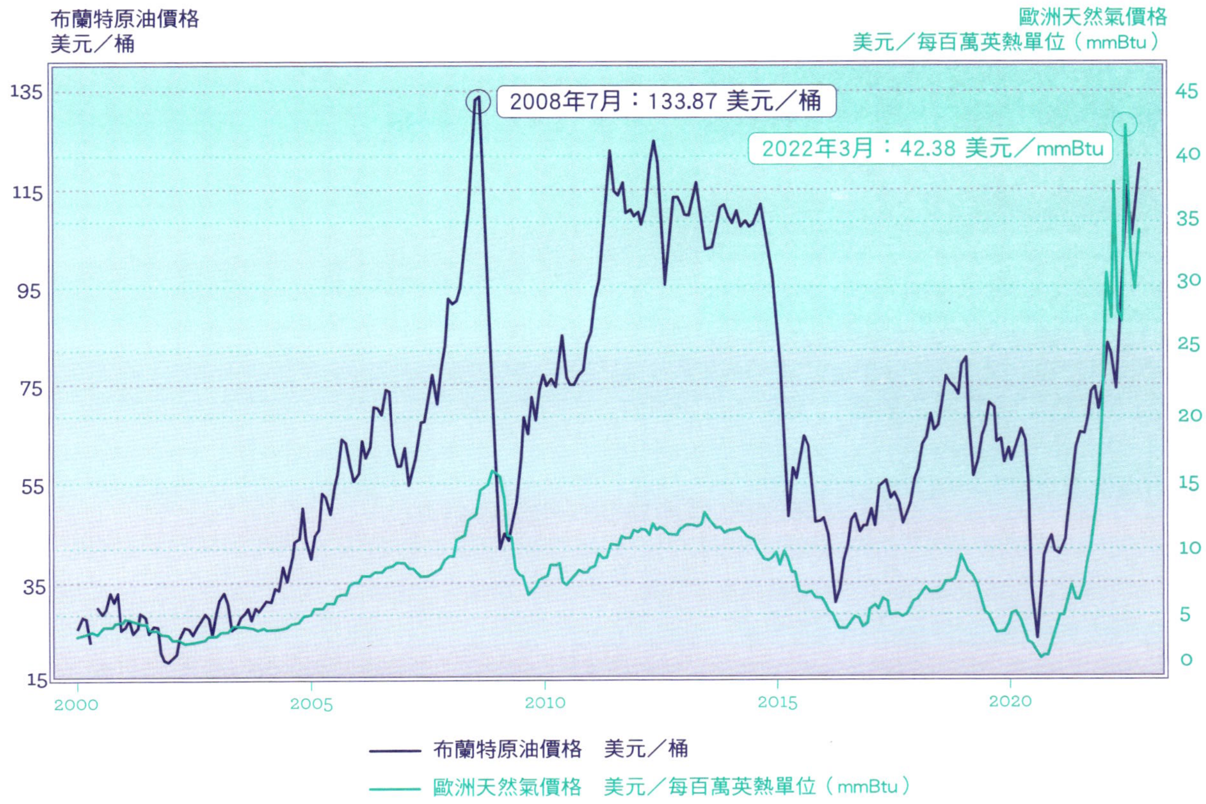

2008年7月：133.87美元/桶

2022年3月：42.38美元/mmBtu

布蘭特原油價格　美元/桶

歐洲天然氣價格　美元/每百萬英熱單位（mmBtu）

29 改變石油定價方式的影響

石油價格在能源領域中被視為牽動整體市場的重要指標，其波動幅度與油價水平，不僅對經濟與社會層面，也對全球各國的地緣政治局勢構成壓力。自1970年代以來，石油市場歷經了不同的定價機制，從OPEC主導的模式，逐步轉向以布蘭特原油、西德州原油等為基準的金融交易體系。而自1980年代起，石油市場的金融化

趨勢不僅使油價的波動性升高，也讓市場與油價的漲跌預測變得更難預測。

石油市場金融化，誰能受益？

石油價格的高度波動，除了對宏觀經濟與社會層面造成影響外，也阻礙了全球邁向能源轉型的目標。由於價格的不穩定，價格波動無法在長期內提供足夠誘因來促使企業與消費者改變能源使用

行為，還可能延緩低碳技術的創新發展。事實上，石油產業鏈中的大多數企業以及各國政府，皆意識到穩定的價格有助於長期規劃與財政預算的安排。因此，石油消費國的政府傾向於維持穩定的油價，以保障民眾的購買力並控制貿易逆差；而對生產國而言，雖然傾向於高油價，但也不得不面對高需求長期下滑、再生能源取代化石燃料

124 GÉOPOLITIQUE DES ÉNERGIES

的壓力。穩定的價格正是這些國家在經濟結構轉型和開拓多元化市場過程中所需的條件,能有效避免市場的劇烈變化對國內經濟造成衝擊。同樣地,石油公司也深受價格波動所苦。由於其投資項目動輒數十年,油價的不確定性會造成企業投資策略出現短視化現象,難以妥善規劃資本支出。而這種市場的不穩定性也擴大金融與實際之間的落差。真正從價格波動中獲利的,往往是掌握金融機構與原物料商品交易所,因為他們的商業模式本就建立在價格的區域性或時間差異上。

改變定價機制的可能性?

若石油價格仍舊由金融市場決定,將難以支撐能源轉型所需的長期規劃。即使目前已存在碳市場,但它無法有效修正環境外部

性,因為它們既未涵蓋所有經濟活動,也未涵蓋所有國家,更難以反內化全部的環境外部成本。能源轉型的實現仍賴兩項關鍵條件:一是石油價格的上漲,以促進減碳行動;二是中期價格走勢的可預測性,作為引導投資低碳技術的誘因。一個由國際組織主導的全球性規劃單位,理論上可扮演雙重角色。提前針對未來幾年的油價走向做規劃,必須滿足幾項條件:須確保消費國加快脫碳步伐,同時協助產油國順利轉型,逐步邁向「後石油時代」。這項規劃也應考慮石油生產國去化石燃料過程付出的社會代價。預期中的油價上漲則必須以有力的資源再分配機制因應,以緩解可能出現的社會反彈。這類機制可透過油價上升所帶來的新增稅收增加作為財源。同時,面對全球經濟發展的不均,亦需建立適當的

資源再分配機制,協助發展中國家轉型。這項機制可以將國際資金流動課徵的稅收作為金源,但也代表須更宏觀地重新檢討現今的全球經貿體系。只是,在現今中美地緣政治對抗日益激烈、各國能否在這個關鍵問題上達成共識,實難樂觀。

要點

石油價格是所有能源市場的關鍵價格。市場的金融化加劇了石油價格的變動,而目前石油價格的相對參與者都是一種損害。這對所有疲弱也意味著石油價格無法傳遞全球能源轉型加速所需的信號。若要達成全球能源轉型,市場治理和價格制定模式需要發生重大變革。

焦點

在 19 世紀與 20 世紀,農產品市場因高度依賴氣候條件,價格波動成為常態。美國第一個商品交易所——芝加哥期貨交易所(Chicago Board of Trade, CBOT)於 1848 年成立,專門處理小麥、玉米等穀物交易。許多商業交易所的名稱都源於農牧業,例如全球主要石油期貨市場——芝加哥商品交易所,早期曾被稱作「芝加哥奶油與雞蛋交易所」。然而,比 CBOT 更早的交易模式可追溯至 1697 年的日本堂島米會所。當地藉由蒐集米市資訊、催生現代風險管理工具(金融合約),並透過現場喊價機制促進交易。隨著 1980 年代資訊化和高頻交易(透過電腦程式在毫秒甚至微秒之間快速買賣,從市場微小波動中獲利)的交易策略)興起,這些傳統交易形式逐漸消失。交易員和許多實物交易也退出市場。席勒(Robert Shiller)所指:「如今在 CBOT,唯一喝得到的咖啡,就是自動販賣機裡那杯。」

全球主要原物料交易所與合約交易數量

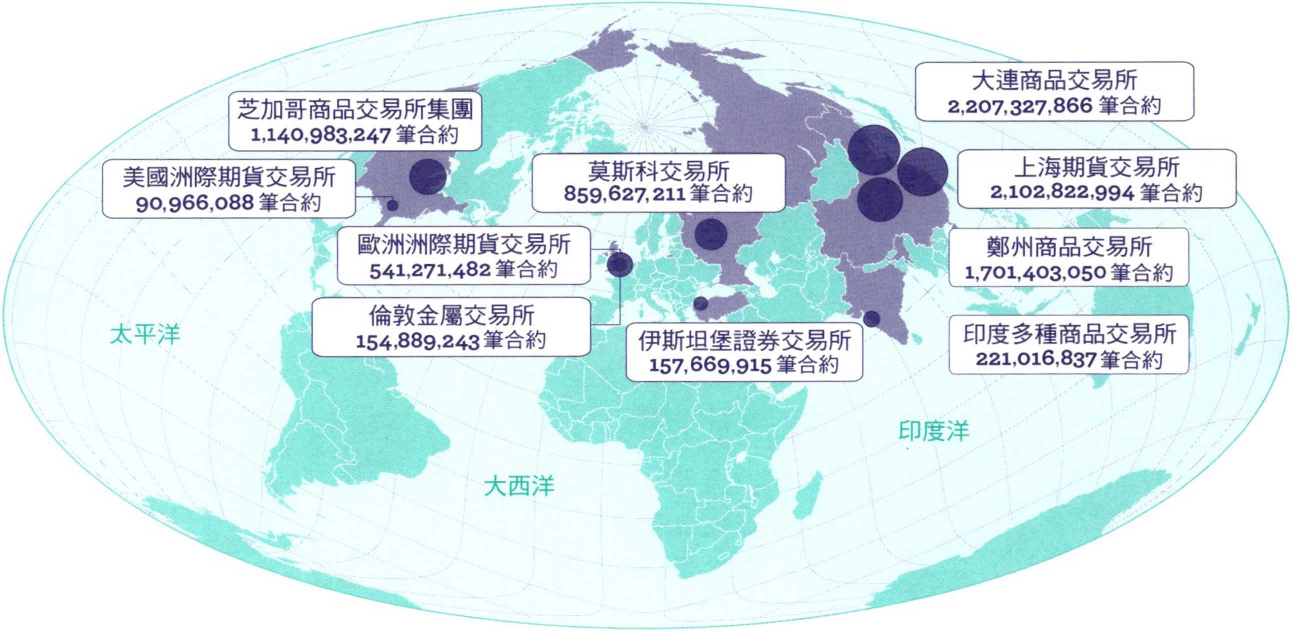

- 其他：121,048,513筆合約

美國洲際期貨交易所
90,966,088筆合約

芝加哥商品交易所集團
1,140,983,247筆合約

歐洲洲際期貨交易所
541,271,482筆合約

倫敦金屬交易所
154,889,243筆合約

莫斯科交易所
859,627,211筆合約

伊斯坦堡證券交易所
157,669,915筆合約

大連商品交易所
2,207,327,866筆合約

上海期貨交易所
2,102,822,994筆合約

鄭州商品交易所
1,701,403,050筆合約

印度多種商品交易所
221,016,837筆合約

太平洋　大西洋　印度洋

30 海運貿易：
能源物流的薄弱環節？

2021 年 3 月，長近 400 公尺的貨櫃船「長賜輪」擱淺，堵塞蘇伊士運河六日，造成 440 多艘船隻無法通航，影響近 10 % 的全球貿易。此事件再次提醒國際社會，全球經濟依賴這些關鍵航道與海峽。約有 60 % 石油貿易仰賴海運，能源領域更加令各貿易受到這些戰略要衝的影響。

荷姆茲海峽：碳氫化合物貿易的重要命脈

2018 年，全球海上原油貿易量約每日 6,300 萬桶。連接波斯灣與阿曼灣的荷姆茲海峽，夾在伊朗與阿曼兩國之間，長度約 63 公里，最窄處僅約 40 公里，航道寬度小於 3.7 公里。此海峽具有三重戰略

重要性：每日有約 2,100 萬桶石油與石油製品通過，占全球海上原油貿易量的三分之一；同時也運送近四分之一的液化天然氣，尤其是從卡達出口。該地區主要產油國（沙烏地阿拉伯、阿聯、伊朗、伊拉克、科威特與卡達）的大部分石油出口，都經由此海峽運送，其中超過 75 % 輸往亞洲。

荷姆茲海峽也是波斯灣區所有貿易的最終通道，在兩伊戰爭（1980至1988年）以及1987至1988年間美國與伊朗的油輪事件中，都曾是衝突焦點。而對伊朗而言，它也成為威脅鄰國及美國的重要工具。美國為保護石油消費國的能源安全，在巴林駐紮第五艦隊，並在阿聯、科威特、卡達等地設有空軍基地。雖然在兩伊戰爭最激烈時期，荷姆茲海峽仍未被真正封鎖，這也讓人質疑伊朗是否意圖封鎖。有能力封鎖該海峽，作為一種威嚇手段，封鎖海峽當其衝的是伊朗的出口能力，也將對亞洲主要買家造成重大影響。唯有美國或以色列發動攻擊，才有可能導致海峽封鎖。儘管如此，至今荷姆茲海

峽仍是伊朗和美國之間的要脅和威嚇手段。雖然可透過建設輸油管道繞過荷姆茲海峽，但目前主要只有沙烏地阿拉伯通往紅海的東西管道和阿聯的管線。

越過麻六甲海峽

麻六甲海峽為歐亞間另一條重要能源通道，位於印尼、馬來西亞與新加坡之間，連接印度洋、南海及太平洋，是輸送亞洲龐大能源的最短航線，每日約有1,700萬桶

原油經過。麻六甲海峽是亞洲主要石油消費國的關注焦點之一。中國、南韓與日本有高達80%的石油進口依賴這條海運航道。海峽長約930公里，寬度介於50至320公里之間，而在最窄處不到3

公里。麻六甲海峽面臨多重風險，包括海盜襲擊、航行事故與海洋環境污染，也常因國家利益衝突而面臨挑戰。中國的「一帶一路」戰略，為麻六甲提供了另一替代方案。巴基斯坦瓜達爾港的投資、中巴經濟走廊的建設，以及在緬甸建立進口能源基礎設施，皆成為繞過麻六甲海峽的選項。中國亦提出在泰國克拉地峽開鑿運河，不過這項計畫在政治與環境層面都備受爭議。

在兩伊戰爭最激烈時期，荷姆茲海峽仍未被真正封鎖。

要點

國際原油貿易對全球經濟成長與主要消費國的能源安全至關重要。石油運輸方式多元，可經由管線、公路、鐵路或海運運輸送。後者由於得仰賴多條國際航線與戰略通道，常成為地緣政治緊張與衝突的焦點。

焦點

據世界貿易組織統計，2019 年全球大宗商品成交規模約為 4.8 兆美元（能源與礦產資源約 3 兆美元，農產品約 1.8 兆美元），占全球貨物貿易總量約 25%。光原油貿易金額就達約 1 兆美元，是以美元計價的全球最大宗商品。整體而言，全球超過 90% 的貿易量皆仰賴海運。自 1980 年代初全球化浪潮興起以來，海運便扮演關鍵角色，而其運費隨全球經濟及船舶供應情況而劇烈波動。尤其在新冠疫情後的經濟復甦階段，全球港口擁塞與船舶短缺現象導致 2021 年海運運費大幅飆升。

全球主要的石油貿易戰略要道

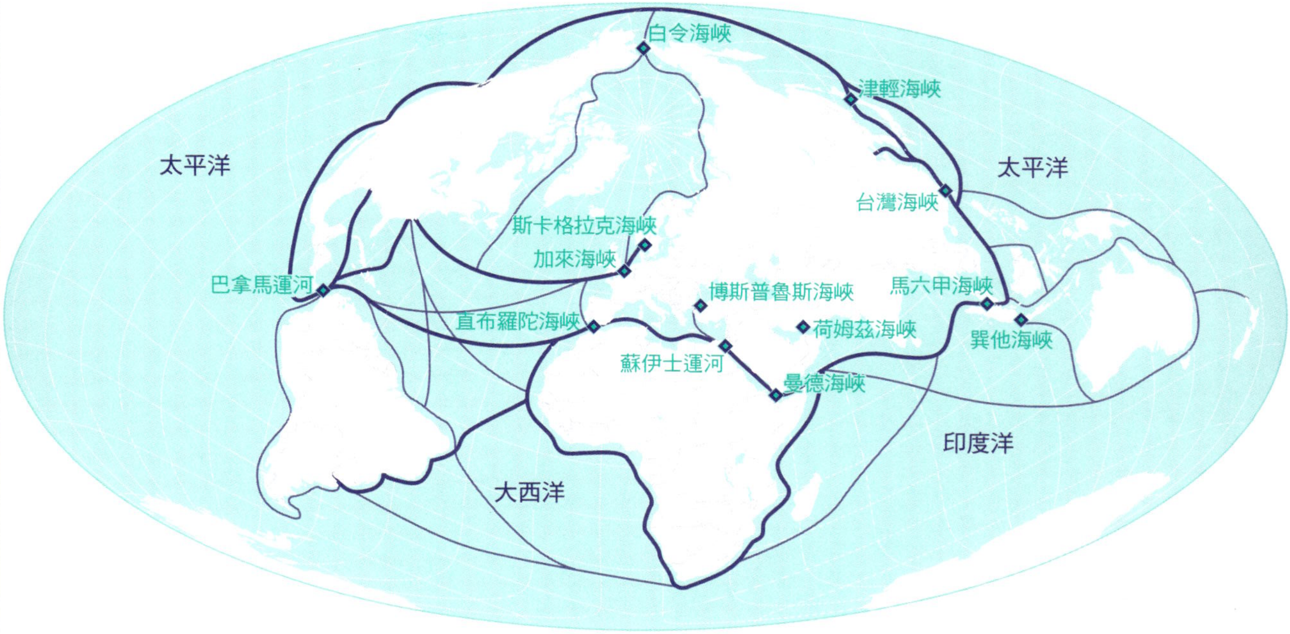

第四部

全球能源的未來視角與趨勢

31 忽略地緣政治的未來預測模型

要思考生態轉型未來長久的挑戰,便必須為能源產業構建一個具前瞻性的情境模擬模型。這些路徑規劃旨在回應自2015年《巴黎協定》以來,各國對抗全球暖化所設定的減碳目標,並勾勒出多種可能的發展走向。這類模擬情境由國際組織如國際能源總署、世界能源理事會、國際再生能源總署,以及私部門能源企業如英國石油、殼牌,或學術機構如廠省理工學院與史丹佛大學,甚至非政府組織共同擬定。不過,這些模型本身充滿不確定性,也往往難以納入地緣政治相關的挑戰與變數。

前瞻與模型

根據《拉魯斯辭典》(Larousse,法國同名出版社發行的辭典,含38,000詞條)的定義,「前瞻」是一門「研究促近當代世界快速變遷的技術、科學、經濟與社會因素,並預測這些因素共同作用下可能產生情境的科學。」這門學科具有跨領域特性,需建立一套嚴謹模擬的方法論框架,以進行情境模擬的建構。

這些模擬情境可分為兩大類型:一是探索型,試圖解答「未來可能出現什麼局面?」;另一則是規範型,聚焦於「如何達成既定目標?」。在

134 GÉOPOLITIQUE DES ÉNERGIES

氣候變遷相關的議題中，這兩類情境模擬都納入考量，並且需要一套具備分析與建模能力的工具組，以全面納入研究系統的所有變數。

有關前瞻，自1946年智庫蘭德公司（RAND Corporation）創立於美國後便開始迅速發展。當時的研究涵蓋諸如核擴散、農業問題及全球人口過剩等挑戰。美國的前瞻研究強調創新與預測能力；法國的前瞻研究路線則是在1957年學者加斯東·貝赫（Gaston Berger）創立「國際前瞻研究中心」（International Center of Prospective）後逐漸成形。儘管兩者在實作上都包括丁情境的設計與推演，但法國模式更偏重長期規劃、參與式運作，以及價值

導向與人文精神的情境規劃。直到1960年代，特別是1967年羅馬俱樂部（Club of Rome，一個研討國際政治問題的全球非營利智囊組織）的成立，以及前者於1972年發表的具指標性報告《成長的極限》（The Limits to Growth），才讓資源枯竭與環境外部性等問題浮上檯面，成為全球政策與學術界的關注焦點。羅馬俱樂部是第一個提出全球經濟體系載與資源情境的組織。進入1980至1990年代之後，全球能源前瞻研究邁向工業化發展，開始建立需要大量數據支撐的能源采統模型。

現有能源情境模型無法充分考量未來出現的技術突破、行為變遷或地緣政治劇變。

未納入能源情境預測的地緣政治因素

儘管這些模型提出多種潛在的能源發展路徑，並能激起關於達成碳中和零具體目標的討論，由於各模型建立在不同假設之上，彼此之間難以比較，得出的結論也往往不盡相同。這些討論通常聚焦於技術替代的可能性，卻無法充分考量或地緣政治劇變所可能帶來的技術突破、行為變遷或地緣政治的資料缺乏夠透明度，再加上建模團隊在多學科整合上的不足，都突顯出這些模型仍未臻完美。最後，這些模型無法掌握或模擬全球地緣政治的不確定性。

在這些模型架構中，往往反映科技競爭、全球領導地位、國際盟友關係或氣候談判進展的變數，於技術轉移的假設，也往往是建立在一個不太可信的全球趨勢之上。最後，這些前瞻模型未能呈現國際關係的複雜性。

要點

全球能源轉型的各種情境模擬,有助於規劃未來方向以對抗氣候變遷問題。這些情境主要是基於模擬全球能源體系的模型,並採取以技術為主的分析方法。然而,它們常難以納入未來可能出現的重大變局,特別是無法妥善處理與地緣政治相關的核心問題,例如國與國之間的權力競爭與外交對立。

焦點

法國、歐洲、美國與日本將碳中和目標設定在 2050 年,中國為 2060 年,印度則為 2070 年,這些國家或地區的碳中和淨零承諾如今已成為各國政府展現環保立場的重要工具。所謂碳中和,意指實現「淨零排放」的目標,也就是每排放一噸額外的溫室氣體,就需透過自然碳匯(如森林、土壤)或技術(碳捕捉與封存)吸收等量的碳。儘管碳封存的潛力可以擴增,但仍具上限,因此要達成碳中和的目標,最關鍵的仍是大幅減少溫室氣體排放,和各國深層去碳化的能源系統。(見圖表)

各國碳中和目標一覽

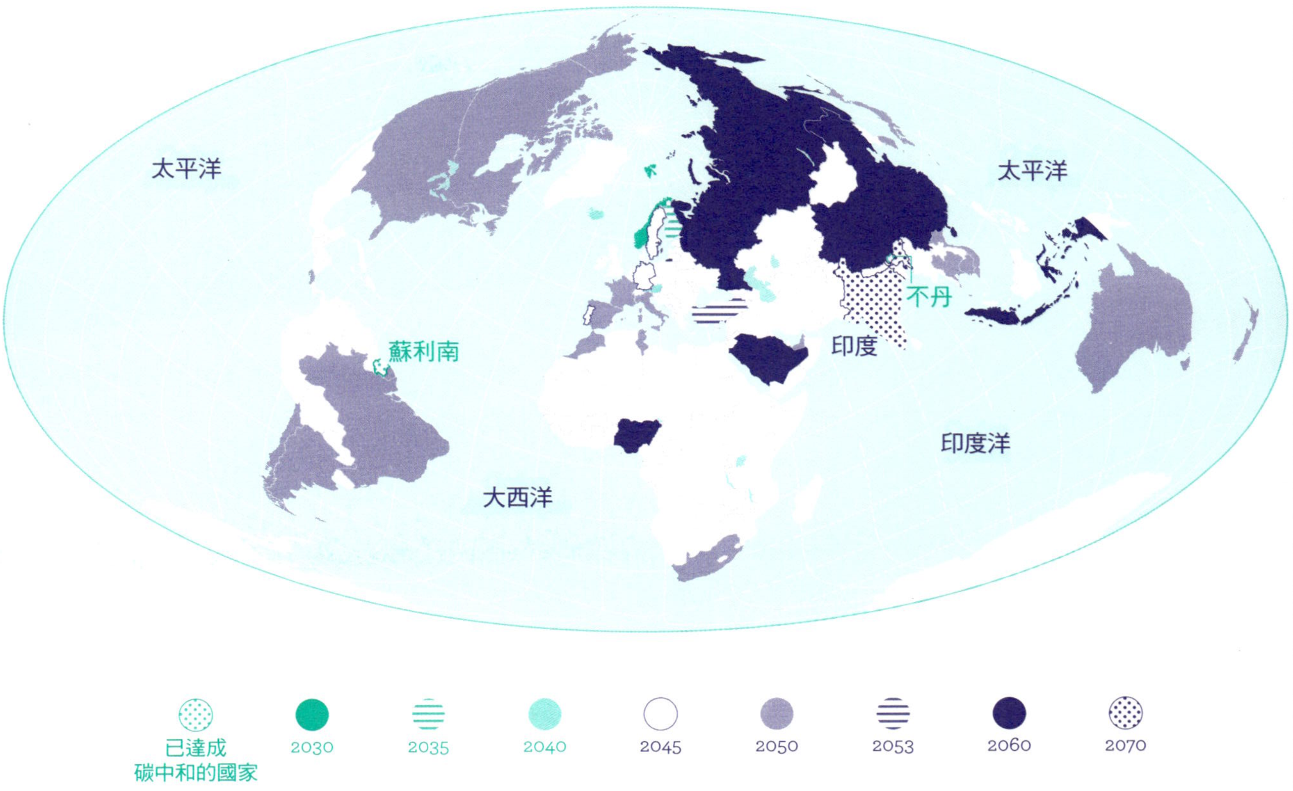

已達成碳中和的國家

- 2030
- 2035
- 2040
- 2045
- 2050
- 2053
- 2060
- 2070

太平洋
大西洋
蘇利南
印度
不丹
印度洋
太平洋

32
北溪二號天然氣管線：
全球地緣政治的縮影

近年來，北溪二號天然氣管線計畫成為歐洲內部討論、歐盟與美國之間關係緊張的核心議題，也在德國——尤其是綠黨等環保政黨之中引起強烈反彈。北溪二號是一條長約 1,300 公里的天然氣管線，於 2021 年秋天完工，年輸送能力達 550 億立方公尺，約占歐洲天然氣總需求的 15%。此管線連接俄國與德國，橫越波羅的海，預估造價為 100 億歐元。其前身北溪一號於 1997 年開始建造，2012 年正式啟用，從俄國維堡（Vyborg）連接德國格來斯瓦德（Greifswald）；北溪二號則於 2017 年啟動，從俄國烏斯特盧加（Ust-Luga）通往同一終點，原本預期可使天然氣輸送量翻倍，但由於政治爭議，德國最終於 2022 年 2 月宣布中止這項計畫。

遭到制裁

自 1980 年代初期，雷根政府針對歐洲企業參與歐俄天然氣管線計畫第一次實施制裁以來，由俄國供給的天然氣便一直是美歐間爭議的焦點。2020 年，歐盟有高達

85％的天然氣來自進口，俄國為主要供應國，四十年來持續供給歐盟與日俱增的能源需求。美國政府對北溪二號的制裁不僅延宕工程進度，也造成歐盟內部意見分歧。川普政府自2017年起即公開反對此計畫，認為北溪二號將加重歐洲尤其是德國對俄羅斯的依賴（德國從俄國進口的天然氣約占55％）。同時，自2014年克里米亞戰爭以來對俄施的制裁效果也將大打折扣。除了政治考量，美方也將北溪二號在經濟上的影響相當關切。由於美國液化天然氣價格高於俄氣，若北溪二號啟用，將不利美國向歐洲出口天然氣。

胎死腹中的計畫

儘管歐洲多國一致譴責美國行使域外制裁，北溪二號計畫本身卻也在歐洲內部引起分裂。波蘭與烏克蘭兩國率先反對此案，因為兩國境內已經有其他俄國天然氣管通過。對俄國而言，北溪二號確實可以省去支付其他管線的過境費，但對於借道的國家而言，則將面臨可觀的收入損失。

2021年5月，美國宣布解除對管線的

由於俄烏戰爭的爆發，這條管線預計將永遠停擺。

制裁，但附帶條件是，德國承諾促使俄羅斯在2024年後持續經由烏克蘭供氣。另一項歐洲內部分歧，來自德國未來在歐洲天然氣市場中扮演的角色。透過北溪二號，德國可望每年接收約1,100億立方公尺的天然氣——相當於歐洲目前總需求的30％，這雖將使德國

成為歐洲在未來幾年內的天然氣中樞，但也將打擊其他國家的地位，例如波蘭。南歐等國（保加利亞、希臘與塞爾維亞）也難以理解制裁決策，這些國家原本預期迎來另一條從俄羅斯經海陸送天然氣的管線，但此計畫也已喊停——北溪二號的進展與停擺，凸顯了歐洲國家在能源政策合作上的困難。在莫斯科承認烏克蘭親分離地區獨立的幾天後，德國宣布中止北溪二號的認證審核。隨著俄烏戰爭爆發，歐盟也展現政治意願，計畫在2030年前徹底停止進口俄國天然氣，因此這條管線預計將永遠停擺。對俄國來說，失去北溪二號，等於失去未來幾年的歐洲市場份額保證，出口戰略將不得不轉向亞洲——尤其是中國，並加速新的基礎設施的建設。

要點

北溪二號是一個飽受爭議的地緣政治議題,同時牽涉到歐洲內部以反跨大西洋的糾紛。2021年7月,德國與美國談定協議,北溪二號建設完工準備啟用。但隨後俄國承認烏克蘭親俄分離地區獨立,幾天後俄烏戰爭爆發,德國也因此宣布中斷對計畫的認證審核,等同於管線將永遠停擺。

焦點

作為歐洲首屈一指的經濟與工業強國,德國在歐洲能源議題——特別是北溪管線中扮演著關鍵角色。早在2000年代初期,德國便開啟能源轉型,目標是大幅提升可再生能源在電力結構中的占比。這項政策也伴隨著德國宣布2022年停用核能發電廠、2038年前淘汰煤炭。到了2020年,可再生能源已占德國電力生產的40%以上,而新執政的聯盟黨目標是在2030年達至80%。燃煤發電自2014年開始,每年減少約4%。整體而言,德國的電力組合正逐步去碳化。不過,德國的天然氣消耗仍維持高點。跟俄國之間的關係也牽動著地緣戰略格局。德國同時面臨2045年前富有野心的環保目標(達成碳中和),以及在俄國與烏克蘭之間的利益取捨,後者是要超出能源系統範疇之外的挑戰。

140 GÉOPOLITIQUE DES ÉNERGIES

北溪天然氣管線計畫

- 北溪二號管線路線
- 北溪一號管線路線（2012年啟用）
- ◆ 北溪陸上管線系統
- 俄國主要天然氣管線
- 其他天然氣管線
- X 年輸送能力（單位：10億立方公尺）
- 領海

250 公里

33 俄中兩國將成為核能出口巨頭？

民用核能議題深受全球主要國家在市場爭奪戰與技術主導策略影響。雖然美國是全球擁有最多核能反應爐的國家，但自1960至1970年代以來，在民用核能領域的影響力卻已大幅衰退。相較之下，對於這項對全球核能源型至關重要的技術，俄國以及剛起步的中國，正積極規劃開拓海外市場的戰略。

美國核能的衰退與復興

1979年三哩島核電廠事故以及1980年代多家民營企業相互競爭的經濟結構模式，大大打擊美國民用核能產業。近年來，可再生能源與頁岩氣興起帶來電價下跌，以及西屋電氣公司（Westinghouse）所研發的第三代AP1000反應爐在商業上的失敗與成本超支，對美國核能產業無疑是雪上加霜。自2013年以來，美國已有12座核能反應爐關閉，2025年則宣布三座預計停用。此外，上游的鈾礦產量也一落千丈。為因應這一情況，川普政府延續歐巴馬政府振興核能產業的努力，推動包括建立戰略性鈾儲備的規劃、提供直接補貼、稅賦減

免延長核電廠運作年限至 60 年等政策措施。同時，在美國公部門研究機構的支持下，一系列聚焦科技創新的企業也應運而生，並推動新一代核能技術投入新一代核能技術投入，如小型模組化反應爐的研發。

俄中並進：積極爭奪全球市場

至於俄國與中國的民用核能體系，則隨著美國核能之際，以及在1980年代以來各自國家對支持之下急起直追。在 1990 年代經歷了一場重大改革，由俄羅斯國家原子能公司主導，採垂直整合模式，掌握整條價值鏈的運作，這也成為國際出口合約中的一

大競爭優勢。公司近五成的營收來自海外市場，是全球最大的核反應爐出口商（已在 36 座反應爐）。12 個國家出口其主要策略在於提供融資、技術服務等一系列解決方案，特別針對當地條件量身打造，並在俄國外交政策的支持下，強化其競爭力。過去十年間，由於國內的鈾產量下降了近兩成，俄方的戰略重心轉向開採或投資海外礦場。2019 年，俄羅斯國家原子能公司更打造了全球第一座浮動電廠，並透過子公司羅莎通福羅（Rosatomflot）打造的核動力破冰船，掌控北極航線。

中國自 1990 年啟用第一座核反應爐，目前由三家國營企業主導：

中國核工業集團、中國廣核集團與國家電力投資集團，並在國際市場上做此競爭。中國核工業集團逐漸成為三者之首，身為全球第二大鈾消耗國，中國積極尋求多元的供應來源，在非洲（納米比亞、尼日）與中亞拓展投資，跟俄國正面交鋒。憑藉強大的工業能力，中國目前正推動以出口為導向的戰略，泛今為止，僅有四座核反應爐在海外建成，但中國計畫仰賴「一帶一路」計畫來開拓海外市場。

要點

核能在 1960 至 1970 年代曾是展現國力、科技競爭與能源自主的象徵，但自 1979 年美國三哩島與 1986 年車諾比核災事故後，便發展中斷。自 2000 年代末期起，核能產業在中國的推動下開始復甦，並成為美國、中國與俄國之間激烈科技競爭的焦點。

焦點

鈾是核能產業的主要燃料。2019 年的全球鈾礦產量為 54,000 噸，其中哈薩克占 41%、加拿大占 12.6%、澳洲占 12%、納米比亞占 10%、烏茲別克占 6.3%、尼日占 5.4%、俄國占 5%、中國則為 3.4%。自 2010 年以來，哈薩克產量已破 28%，而加拿大則在同期間下降至 29%。目前全球約 38% 的鈾資源集中於經濟合作組織國家，22% 分布於金磚五國（巴西、俄國、印度、中國與南非）。全球有九個國家合計擁有 85% 的鈾資源，分別為澳洲（28%）、哈薩克（15%）、加拿大（9%）、俄國（8%）、納米比亞（7%）、南非（5%）、巴西（4%）、尼日（4%）和中國（4%）。

全球前十座礦場占 2019 年產量的 55%，其中加拿大的「雪茄湖」礦場（Cigar Lake）產量最高，貢獻全球約 13% 產量。

144　GÉOPOLITIQUE DES ÉNERGIES

全球核能廠分布圖

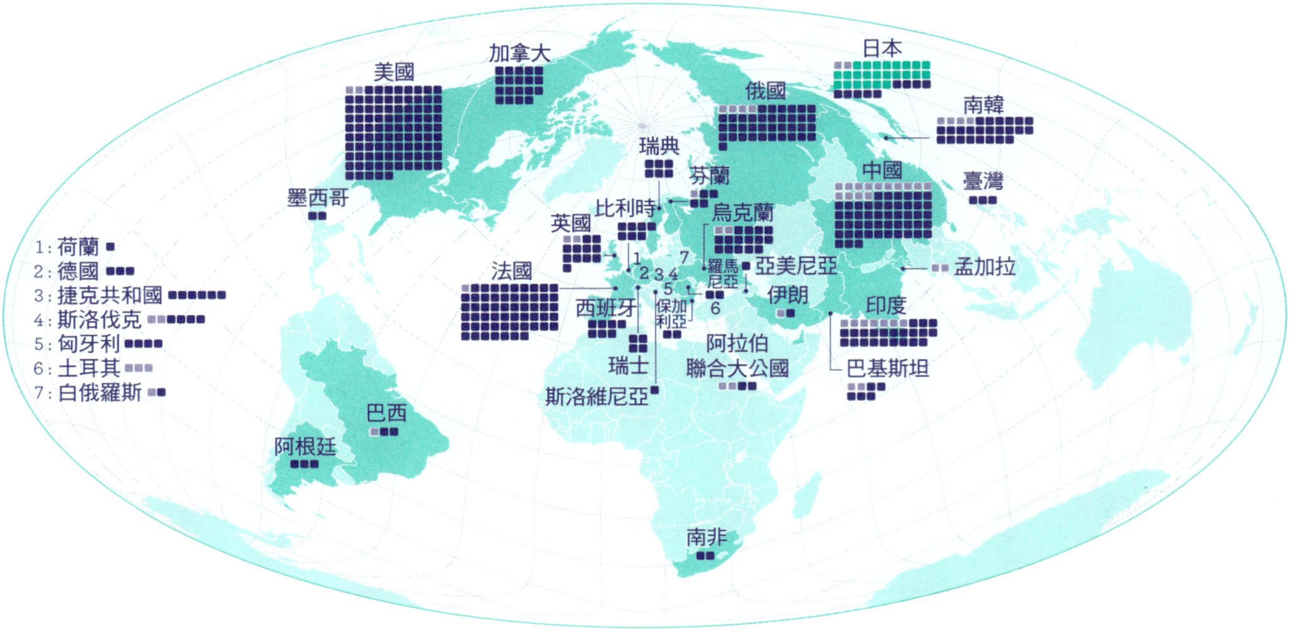

截至 2021 年 12 月 31 日的資料

- 正在運轉的核反應爐：436座
  其中24座目前停機中
  總裝置容量：約388,600兆瓦
  占2020年全球總發電量比例：約10%

- 興建中的核反應爐：57座
  總裝置容量：約60,100兆瓦

1: 荷蘭
2: 德國
3: 捷克共和國
4: 斯洛伐克
5: 匈牙利
6: 土耳其
7: 白俄羅斯

34
綠氫能源的地緣政治版圖

自2019年開始，全球能源領域一直隨著各項氫能計畫運轉。現今有近50個主要集中於亞太地區與歐洲的國家，宣布未來十年在這個能源載體上的投資藍圖。目前氫氣生產幾乎完全依賴化石燃料，碳排放量極高，因此各國政府如今關注的是以可再生電力為基礎的「綠氫」生產。凡具備可再生能源潛力的國家，皆可能在未來能源版圖中脫穎而出，成為氫的生產和消費國。

重振旗鼓再出發？

過去50年，政府與各界對氫能源的關切時冷時熱，或因化石能源價格上漲，或因環境議題升溫才重新予以重視。自2019年以來，由於氣候政策的強化以及眾多國家宣布達成碳中和的目標，氫能因此引起注目。氫能特別有益於解決某些產業難以去碳化的問題（重工業與公路運輸等）。此外，在可再生能源大規模發展的背景下，氫能亦被視為一種有效的儲能解方，為能源市場帶來靈活性。此外，它具有在地與區域發展的潛力，可創造投資

146　GÉOPOLITIQUE DES ÉNERGIES

氫能發展的關鍵取決於成本的大幅下降。據估計，「綠氫」的生產成本到2050年可能下降近85%，並可望在2030年前到跟「藍氫」（一種低碳氫氣，用化石燃料製氫之後，再搭配碳捕捉、封存與再利用技術減少生產過程中的碳排放）一樣具競爭力的價格（目前綠氫仍為藍氫成本的兩到三倍）。而可再生能源電力價格的降與技術成本的降低，是綠氫普及的兩大支柱。

各國政府與企業的策略，以及正在興起的氫能生產、儲存與運輸技術競爭，勢必影響全球能源格局的實力消長。研究預測，至2050年，氫能可能滿足全球約20%的能源需求，屆時將有數兆美元的投資。至於氫能的運輸與配送基礎設施及其成本，則是實現這一目標的鉅挑戰。

未來的氫能市場，在發展前期可能會類似液化天然氣市場，由多個區域市場所組成。

國家級策略發展

矛盾的是，儘管許多國家發展氫能戰略，是出於提升能源自主的考量（如中國、美國、印度、法國），但另一些國家如德國與日本，則傾向一個面向國際的發展目標模式。這些國家雖然也發展自身的綠氫產能，但同時期望打造一條國際氫能供應鏈，與具低成本綠氫潛力的國家（如非洲、中東、澳洲）成為夥伴合作關係，攜手合作。除卻氫氣運輸成本與型問題外，市場選項與供應路線也逐漸清晰。舉例來說：澳洲可能成為亞洲國家（韓國、日本）的出口國；北非與中東可供應歐洲；智利則可能成為北美的供應國。因此，未來的氫能市場，在發展初期將可能類似於液化天然氣市場，由多個區域市場所組成。對於那些既是傳統化石燃料出口國且擁有強大再生能源潛力的國家而言，氫能可能是邁向能源轉型與產業發展的重要途徑。

要點

過去依賴化石燃料且集中度高的能源地緣政治格局，可能會因氫能市場的興起而出現轉變——無論是地方、國家、區域甚至全球。各國政府過去都曾關注過這項能源載體，未來幾十年內，有望見證可再生氫能計畫真正的遍地開花。

焦點

目前，全球超過80%的人口依賴石油、天然氣與煤炭等能源的進口，氫能則有助於降低依賴。關於氫能的最新前瞻性研究指出，依據各國的可再生能源潛力、技術與基礎設施的預期成本，未來全球將形成三個主要的能源勢力。第一類是預計有望成為綠氫淨出口國的國家，包括澳洲、智利、西班牙與摩洛哥。第二類是可望在市場上自給自足的中國與美國。最後一類則是可能成為綠氫淨進口的國家，包括南韓、日本、部分歐洲國家與拉丁美洲國家。氫能這個能源載體，有可能在未來數十年間催生出一批新興的能源出口國。

148　GÉOPOLITIQUE DES ÉNERGIES

2022年各國氫能發展策略

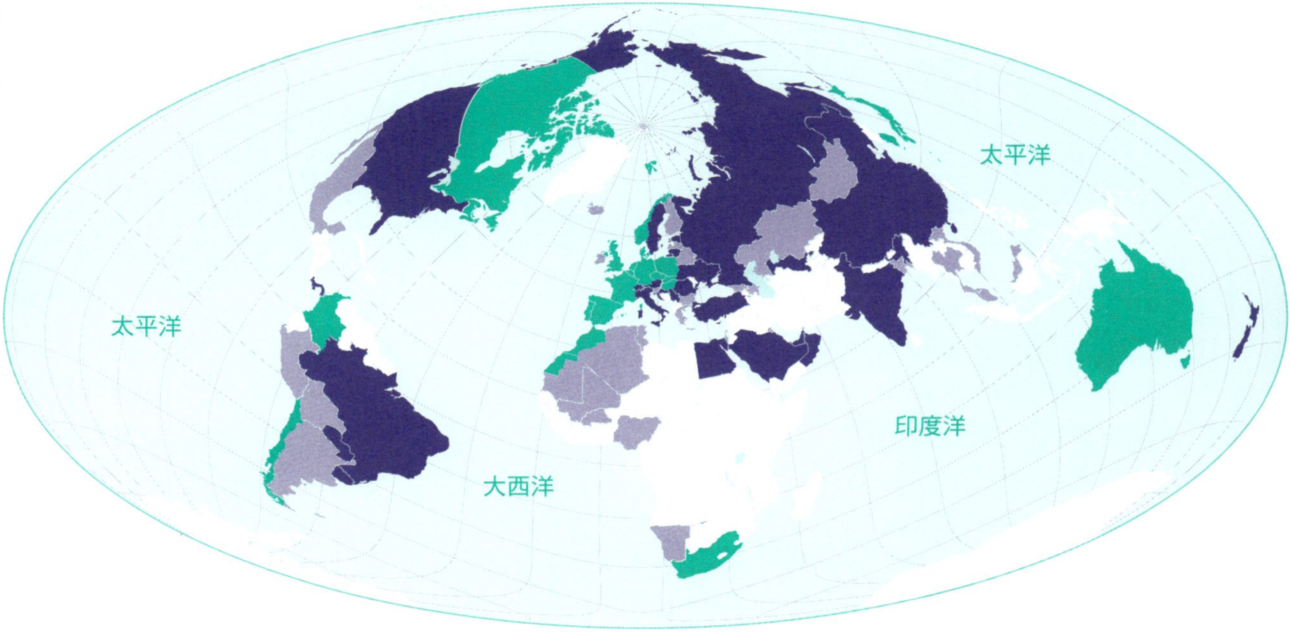

- 已宣布氫能戰略的國家（共21國）
- 已擬定氫能戰略的國家（共27國）
- 初步研擬計畫或正進行政策商討的國家（共34國）

太平洋　大西洋　印度洋　太平洋

35 能源轉型原料：二十一世紀的黑金

低碳技術的推廣，不僅可能長期影響技術所需的礦產原料市場結構，同時也影響主要生產國的談判優勢。鋰、鈷、銅與稀土等資源，早已成為各方勢力爭相掌控、確保供應來源的競爭焦點。在資源民族主義可能捲土重來，以及中國等國拓展海外投資的背景之下，扶搖直升的原料需求恐將改變市場平衡。

新的供需依賴關係

自2010年代以來，能源轉型所需的原料，由於涉及諸多戰略與地緣政治議題，逐漸展現重要性。例如，中國曾被質疑以稀土作為牽制日本的外交武器。地質條件（如產量與儲量的集中度）、礦藏位於衝突地區的地理風險，以及各國不同的經濟策略（例如掌控價值鏈）等因素，都讓主要消費國陷於新的供需依賴關係。

以鋰為例，澳洲與拉丁美洲兩區即占全球近80%的產量；不過其他企業（尤其是中國企業）透過交叉持股，讓生產不只來自這兩個地區。此外，鋰市場也由少數幾

150 GÉOPOLITIQUE DES ÉNERGIES

受企業所控制，這樣的局面引起外界擔憂「鋰礦卡特爾」即將成形。不過，由於目前各國的生產政策差異過大，尚難以形成統一陣線。值得注意的是，玻利維亞雖擁有全球約29%的鋰資源，卻尚未投入實際生產。（見圖表）

鈷與銅則是另一類地緣政治爭議的代表。全球鈷產量中有71%來自剛果民主共和國，當地政治高度不穩，治安與社會狀況堪憂，當地存在大量危險的非法礦場，童工問題與環境污染現象。相比之下，銅在儲量與產量上雖較不集中，卻面臨地質與經濟層面的壓力。一方面，銅為現代社會的關鍵原料（應用於建築、交通與電力等領域）；隨著高耗能銅的低碳技術大量推行，未來有限的資源將面臨更大的壓力。另一方面，中國目前掌握了全

球約40%的精煉銅產量。這種對金屬物料價值鏈的掌控情形，也同樣見於鈷、鎳與稀土等原料。

資源外交的新格局？

無論是因為擁有豐富礦藏，或是掌握冶煉與價值鏈部分國家——如智利、澳洲、剛果民主共和國，以及負責冶煉作業的中國——在未來幾十年內都可能左右龐大的市場影響力。然而從長遠來看，也有學者擔憂這些國家可能陷入「資源的詛咒」的困境。

從更宏觀的角度來看，對關鍵原料的需求，將使各主要消費

國之間的關係惡化，尤其是中美兩國。在能源、國防與數位產業所需的42項關鍵材料中，中國依賴其中的19項，美國則為24項，雙方皆依賴的材料有11項，這也將是未來競爭的潛在因子。美國依賴中國進口的金屬約10多種，尤其是稀土集中於中國。而中國展開全球投資，以保障供應安全。反觀美國，目前尚未推出可與「一帶一路」抗衡的對應戰略。

自2010年代以來，能源轉型所需的原料，由於涉及諸多戰略與地緣政治議題，逐漸展現重要性。

要點

低碳技術的發展帶來一系列與戰略原料相關的地緣政治新議題，包括：產能過度集中、「鋰礦卡特爾」恐成形，以及部分國家或企業對價值鏈的控制等。可以預見的是，在未來數十年內，原料將成為能源地緣政治中不可忽視的一環。中國透過產業政策與對外投資策略，勢必將鞏固自身在這些市場中的主導地位。

焦點

低碳技術不可或缺的組成元素——即戰略金屬，對主要生產國的環境造成了衝擊。由於開採與提煉過程耗能極高，產生諸多負面的環境外部效應（包括空氣污染、土壤污染與地貌破壞等）。中國目前控制全球60％以上的稀土產量，因此希望加強環境管理，並優先滿足本國工業需求。此外，「水資源」也成為全球能源轉型的限制因素之一。由於水資源短缺的採與生產所需用水量龐大，對於水資源的開生產國而言，面臨的壓力更為沈重。以智利為例，鋰與銅的生產商因為水資源的競爭而引起民怨，政府只好減少這兩個產業的用水配額，以回應在地社區的訴求。

2020年全球鋰產量與儲量

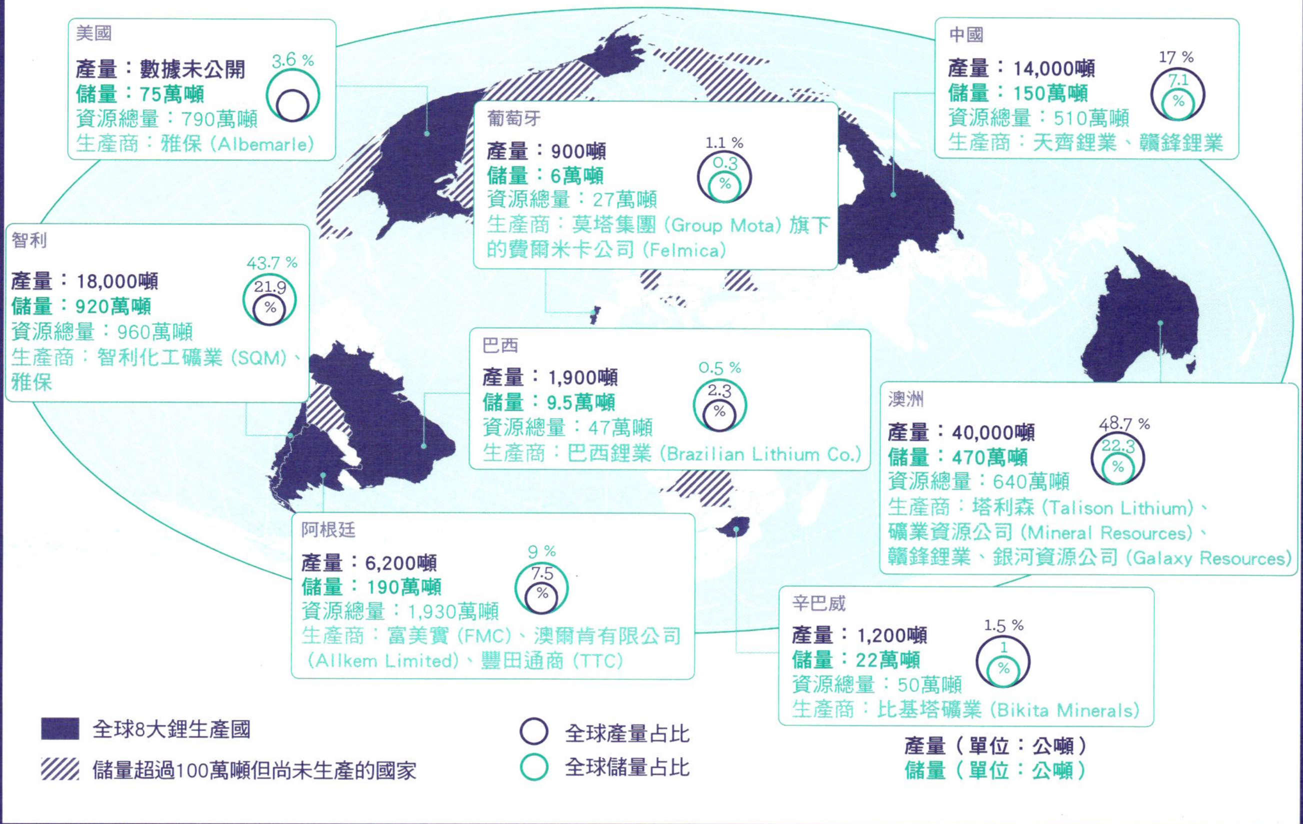

美國
產量：數據未公開
儲量：75萬噸
資源總量：790萬噸
生產商：雅保 (Albemarle)
3.6%

智利
產量：18,000噸
儲量：920萬噸
資源總量：960萬噸
生產商：智利化工礦業 (SQM)、雅保
43.7% / 21.9%

阿根廷
產量：6,200噸
儲量：190萬噸
資源總量：1,930萬噸
生產商：富美實 (FMC)、盧田通商 (TTC)、Allkem Limited
9% / 7.5%

巴西
產量：1,900噸
儲量：9.5萬噸
資源總量：47萬噸
生產商：巴西鋰業 (Brazilian Lithium Co.)
0.5% / 2.3%

葡萄牙
產量：900噸
儲量：6萬噸
資源總量：27萬噸
生產商：莫塔集團 (Group Mota) 旗下的費爾米卡公司 (Felmica)
1.1% / 0.3%

辛巴威
產量：1,200噸
儲量：22萬噸
資源總量：50萬噸
生產商：比基塔礦業 (Bikita Minerals)
1.5% / 1%

澳洲
產量：40,000噸
儲量：470萬噸
資源總量：640萬噸
生產商：塔利森 (Talison Lithium)、礦業資源公司 (Mineral Resources)、銀河資源公司 (Galaxy Resources)
48.7% / 22.3%

中國
產量：14,000噸
儲量：150萬噸
資源總量：510萬噸
生產商：天齊鋰業、贛鋒鋰業
17% / 7.1%

■ 全球8大鋰生產國
▨ 儲量超過100萬噸但尚未生產的國家

○ 全球產量占比
○ 全球儲量占比

產量（單位：公噸）
儲量（單位：公噸）

36
創新與標準的地緣政治

低碳技術，跟自身仰賴的戰略材料一樣，皆是全球能源轉型趨勢的關鍵要素。這些創新技術涵蓋了低碳能源的生產（如太陽能、風能、核能）、終端應用部門（如交通與建築），以及跨領域技術（如電池、氫能等）。這些技術的設計、商品化及大規模推廣，已成為國際氣候談判中的一項重要議題，尤其是技術轉移方面；更重要的是，低碳技術已成為各國較勁的領域。

誰是低碳創新的領軍者？

根據國際能源總署與歐洲專利局（European Patent Office, EPO）的資料，自 2000 年初以來，低碳技術的專利申請大幅成長，遠遠超越化石能源及其他經濟領域的相關申請數量。能源生產技術的專利申請在 2010 年代獲得大力支持，但近期因風能與太陽能技術日益成熟，成長速度稍減；相對地，在氫能與電池等橫向技術的成長則更為顯著。歐洲在這場競賽中持續居冠，2010 至 2019 年間占全球低碳技術專利總數的

28%；光德國便占有12%；其次依序為日本（25%）、美國（20%）、南韓（10%）和中國（8%）。雖然歐洲在各項技術領域均有佈局，但其他國家則出現明顯的專精化現象，例如：日本專注於氫能與電動車，美國偏重生質燃料與二氧化碳捕捉，南韓則專攻太陽能與風電。此外，中國領南韓近年在低碳創新領域突飛猛進，未來幾年極有可能扭轉局勢。南韓自2008年起推動綠色成長計畫，結合技術轉型與產業發展。中國則透過「中國製造2025」計畫，將電池、電動車與智慧電網列為優先發展項目。中國的研發支出自2008年起迅速上升，正逐步追趕上美國。

從創新至標準制定

在能源轉型中，除了創新所代表的國家技術自主程度之外，跟低碳技術部署密切相關的產業價值鏈也是重要關鍵。目前，中國是全球最大的低碳技術出口國，其次依序為德國、美國、日本與南韓；中國同時也是最大的進口國。中國依靠明確的產業政策（從原物料至成品）、已掌控部分低碳技術的完整產業鏈（電池與太陽能等）。自2010年代中期以來，北京更積極推動國內標準和國際市場接軌，尤其是在節能減碳方面層面。2017年推出的「中國標準2035」計畫，

即展現出這一戰略野心。中國首先推動國內標準的整合與統一，類似歐盟實施的國際標準化組織策略；隨後，採取參與或主導實施的國際標準化組織成為全球主要的技術標準制定者。中國力圖成為低碳超高5G的發展，中國力圖成為低碳技術與電力網路（如智慧電網與超高壓輸電線路）的標準制國。「一帶一路」倡議也讓「中國標準」輸出海外。超高壓輸電技術正是中國主導標準與強化技術領導地位的代表性例子——北京的最終目標，是由中國國營企業中國國家電網公司主導，實現全球電網互聯計畫。

中國是全球最大的低碳技術出口國。

要點

隨著全球能源邁向轉型，低碳技術成為各國地緣經濟競逐的核心領域。儘管目前在低碳技術創新方面，歐洲、美國與日本仍遙遙領先，但南韓與中國正強勢崛起中。整體而言，亞洲地區主導了這些低碳技術的生產鏈。同時，中國也積極搶下未來相關技術標準制定的主控權。

焦點

歐洲電池聯盟（European Battery Alliance, AEB）由歐盟於 2017 年 10 月啟動。面對歐盟在電池產業（如材料與電池芯）依賴亞洲供應鏈的現況，聯盟的成立旨在推動歐洲本土電池生產（包括建設大型超級電池工廠），並強調在生產過程中導入環境永續標準。這些標準未來有可能成為此產業中企業的競爭優勢之一。目前已有約 440 個工業或研究機構支持聯盟，並透過「歐洲共同利益重要計畫」（IPCEI）反歐洲投資銀行（European Investment Bank, EIB）的資金援助，獲得約 60 億歐元的融資。為推動歐洲汽車產業向電動車轉型，對抗中國的霸主地位，聯盟發揮了關鍵作用。2021 年 7 月，歐盟在「歐洲綠色政綱」中宣布將於 2035 年禁售燃油車，進一步鞏固了聯盟的角色地位。

156 GÉOPOLITIQUE DES ÉNERGIES

電動車電池價值鏈與各國市占率

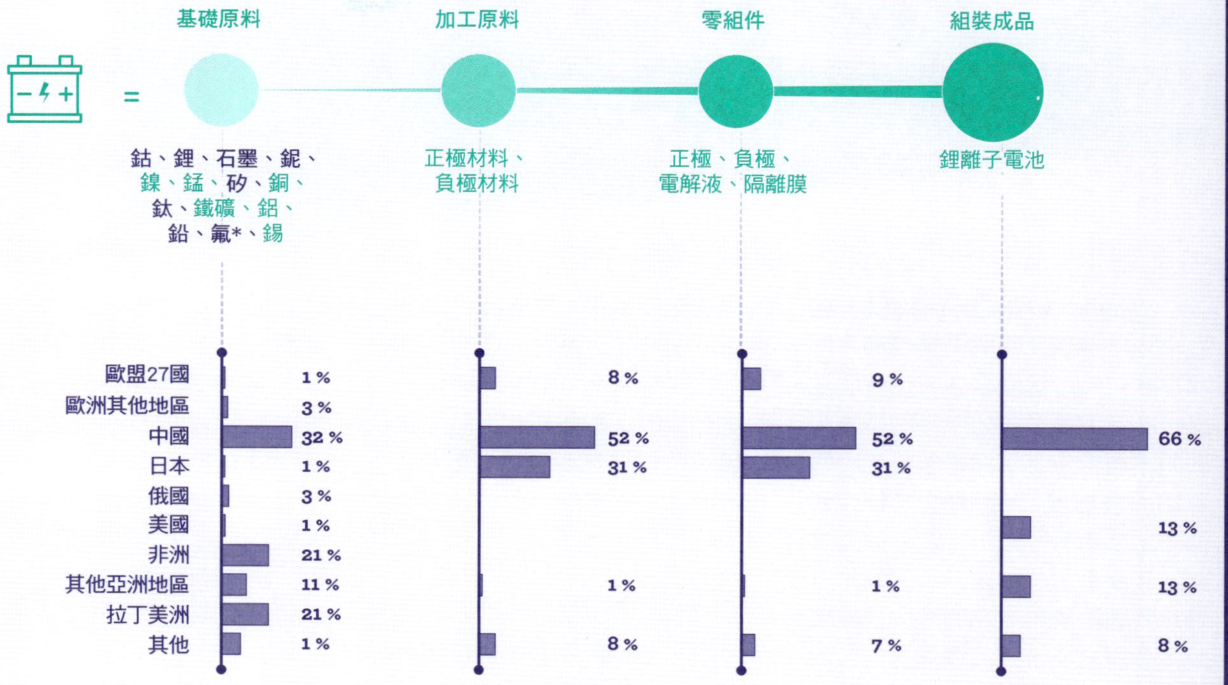

基礎原料	加工原料	零組件	組裝成品
鈷、鋰、石墨、鈮、鎳、錳、矽、銅、鈦、鐵礦、鋁、鉛、氟*、錫	正極材料、負極材料	正極、負極、電解液、隔離膜	鋰離子電池

基礎原料
- 歐盟27國 1%
- 歐洲其他地區 3%
- 中國 32%
- 日本 1%
- 俄國 3%
- 美國 1%
- 非洲 21%
- 其他亞洲地區 11%
- 拉丁美洲 21%
- 其他 1%

加工原料
- 中國 52%
- 其他亞洲地區 31%
- 日本 1%
- 其他 8%
- 歐盟27國 8%

零組件
- 中國 52%
- 其他亞洲地區 31%
- 日本 1%
- 其他 7%
- 歐盟27國 9%

組裝成品
- 中國 66%
- 其他亞洲地區 13%
- 日本 13%
- 其他 8%

*以深紫色粗體標示：歐盟列為關鍵原料

37 東地中海天然氣：區域機會與競爭

2020年8月，土耳其和希臘在東地中海新一輪的緊張情勢，再次提醒世人：這個富含天然氣的地區，在多方勢力角力下，維持脆弱的平衡。土耳其抨擊希臘劃設的專屬經濟海域*，不簽署《聯合國海洋法公約》，並以「藍色家園準則」（Blue Homeland，土耳其一項具有地緣戰略意涵的海洋政策學說，強調擴大土耳其在周邊海域的海權與資源主張）為依據提出領土主張，引發多方關注。矛盾的是，最近一次土海軍的對峙事件，事發地點實際上距離潛在天然氣資源區數千公里之外。即便如此，仍造成地區的不確定性，對能源開發擴展十分不利。

發展與合作

2009年與2010年以色列塔馬爾（Tamar）與利維坦（Léviathan）氣田、2011年賽普勒斯共和國的阿芙羅黛蒂（Aphrodite）氣田、2015年埃及的佐爾（Zohr）氣田相繼發現後，讓東地中海自身的曙目。由於這些氣田位於各國自身的專屬經濟區內，理應減少了衝突風險，並有望建構一個區域天然氣樞紐。目前，僅埃及與以色列的氣田已開發，氣田開發的技術複雜性所

158 GÉOPOLITIQUE DES ÉNERGIES

帶來的高成本，本地消費市場規模過小，以及普勒斯問題，導致整體進展受阻。

土耳其的強硬立場源於一種更宏觀的海權理論。

土耳其與叙利亞並未參與論壇，情況各有不同。黎巴嫩未列入邀請名單，土耳其則選擇婉拒。以色列在成員國選擇時對於採取一致立場、批評其外交政策過於強硬。

土耳其為衝突中心區

土耳其成為東地中海緊張局勢的核心。土國在專屬經濟區內進行的油氣探勘活動迄今沒有任何進展，某種程度上說明了土國在該區域的立場（土耳其在東地中海進行油氣勘勘，引發其他國家認為其探勘活動侵犯他國海域）。賽普勒斯同樣是土耳其聲張的焦點議題之一。土耳其政府拒絕承認賽普勒斯與鄰國（如埃及、以色列與黎巴嫩）間劃定的海洋邊界，理由是賽普勒斯政府無法代表整座島嶼，因為自1974年以來，土耳其控制

了賽島北部，並在1983年成立了「北賽普勒斯土耳其共和國」，至今國際上只有土耳其單方面承認主權。因此，土耳其的專屬經濟區重新談定1923年《洛桑條約》（Treaty of Lausanne）中與希臘的邊界。土國立場源於一種更宏觀的海權理論，即透過海洋擴張來強化區域影響力，即便這些舉措可能國際違法。

未來東地中海天然氣發展，除了端看國際能源價格走勢，還將仰賴潛在進口國的能源政策。自俄烏戰爭以來，歐洲分散天然氣進口來源，這不但促使東地中海地區大量出口天然氣至最鄰近的市場（以色列），賽普勒斯與希臘地區同時助於提升東地中海天然氣合作（由以色列）推動的跨國天然氣管線工程，計畫將東地中海的天然氣資源輸送至歐洲市場）計畫的可行性與經濟效益。

來轉機：從2015年的天然氣得進進步，2018年起恢復能源自給並恢復出口。2019年，一個名為東地中海天然氣論壇（EMGF）的組織在開羅以非正式方式成立，初期成員包括賽普勒斯、埃及、以色列、義大利、希臘與約旦。2020年正式轉為政府間組織後，法國與巴勒斯坦也加入。論壇目標為強化天然氣領域的區域合作，保障成員國能源安全並實施規劃。此外也是歷史恩怨與衝突不斷的國家之間重要的對話平台。值得注意的是，黎巴嫩

田——佐爾氣田為埃及帶來的發現，為該地區最大的氣田。

第四部　全球能源的未來視角與趨勢　159

要點

東地中海蘊藏豐富天然氣資源,自2000年代中期起開始引起全球能源公司的關注。儘管歷史仇怨與主權爭議繞不去,但油氣的開發潛力被視為推動地區經濟與政治合作的契機。不過,土耳其在區域內奉行的霸權政策,阻礙了此地區的發展潛力。

焦點

1982年,《聯合國海洋法公約》在牙買加蒙特哥貝(Montego Bay)簽署,1994年正式生效。此公約延續了1958年與1960年日內瓦會議所展開的相關討論與立法工作,這些會議為領海、公海、大陸棚與漁業等議題訂下初步的法律規範。為了在國家航行自由與領土主權兩者間取得平衡,《海洋法公約》以320條條文,建立了現代海洋法的基本架構。公約中明定,領海的範圍為12海浬(約22公里),專屬經濟海域則為200海浬(約320公里);同時也規範了大陸棚的延伸權利與專屬經濟海域內(200海浬以外)的權益。各國對自身專屬經濟海域內的能源資源具有自主勘探與開發權利,但在這些海域內,仍須保障國際航行自由。

東地中海的領海爭端

海上邊界爭議

- □ 理論上的專屬經濟海域，根據等距原則劃定
- ┈ 由雙邊協議劃定的海屬海上邊界
- ▨ 土耳其主張的專屬經濟海域
- ▨ 土耳其與北賽普勒斯向賽普勒斯聲稱主權的區域*
- ■ 因天然氣資源衝突再次升溫的地區
- ⛴ 蘊藏油氣資源

2020年8月11日，土耳其派遣油氣探勘船「歐魯奇芮斯號」(Oruç Reis)和護航軍艦進入爭議海域。

2019年土耳其亦派遣鑽油船和數艘護航軍艦前往爭議區域。

*北賽普勒斯——全稱為北賽普勒斯土耳其共和國，1974年土耳其軍事占領後單方面宣布成立

希臘
雅典
利比亞
埃及
以色列
列斯伏斯島
希臘屬專屬經濟海域
羅德島
土耳其屬專屬經濟海域
賽普勒斯
北賽普勒斯
賽普勒斯經濟海域
伊斯坦堡
安卡拉
土耳其
敘利亞
黎巴嫩

38 北極與南極：未來的衝突戰場？

1998年生效的《南極條約環境保護議定書》(Protocol on Environmental Protection to the Antarctic Treaty)*，禁止在南極洲進行礦產資源的開採，僅允許用於科學研究。因此將該區域的自然狀態列為禁區，保護期至2048年為止。相較之下，加拿大、美國、挪威與俄國已經在北極地區實際展開碳氫化合物採勘探與礦業活動。北極地區涵蓋面積約2,100萬平方公里，占地球表面約6%，因蘊藏能源與礦產資源潛力，存在主權爭議與海上航道發展等多項潛在衝突因素，經常成為媒體關注的焦點。

資源潛力

目前針對北極碳氫化合物資源潛力的唯一估計，來自美國地質調查局（United States Geological Survey, USGS）於2008年發表的一份報告。該估算是基於模擬推算，而非實際鑽探數據，且至今未被更新或推翻。據估計，北極可能

蘊藏全球尚未開發石油的約13％與天然氣的約30％。2004至2008年間由於石油價格飆升，引起各國對北極爭議地區競相宣示主權，以及石油企業開採新油田的意願。在那段期間，各國尚未將觸角伸向專屬經濟區以外的區域。早在北極熱潮出現前，俄羅斯便分別於2001與2006年，向聯合國大陸礁層界限委員會（Commission on the Limits of the Continental Shelf, CLCS）提交申請。2010年代石油價格的劇烈波動也提醒各方，北極碳氫化合物開採技術複雜、不僅成本遠高於其他地區，目還需風險亦極高。此外，全球石油需求可能在中期時間內達到高峰，也降低了對此類高成本專案的投資意願。事實上，約95％的潛在能源資源位於各國的專屬經濟區內，衝突風險有

限。反之，在北極地區的多數議題上，各方目前展現的是合作而非對抗的傾向。然而，軍事化、俄羅斯的外交姿態與中國強勢參與，仍使北極成為當代國際競逐的舞台之一。

目前，東北航道被視為最具潛力的路線。

已開通新航道，但尚難成全球航運主幹道

北極地區的暖化速度是全球其他地區平均的兩至三倍，此現象大幅提升北極開發和通航的可能性，包括商業船舶透過新航道航行，如：東北航道、極地中線航道與西北航道。

研究顯示，至本世紀末，東北航道（沿俄羅斯海岸）每年可通行3至6個月，西北航道（沿加拿

大海岸）則可通行2至4個月。目前，東北航道被視為最具潛力的路線。支持者認為該路線可降低歐亞之間的運輸成本。它可縮短約7,000公里航程，並節省約30％運輸時間，繞開蘇伊士運河。然而，這條航線仍面臨諸多挑戰，例如：全年的極端氣候、航行難度與必要的沿途基礎建設（處理污染與事故的應變設施）。此外，雖然東北航道已有部分航運活動，但主要以目的地航運為主，如將油氣從生產地輸送至集散地，而非完整的歐亞過境航線。再者，部分航段水深不足，不利大型貨櫃船通行，進而限制整體經濟效益。綜合以上條件，這些路線要成為全球性航運主要通道，仍是一條漫長之路。

要點

自 1998 年《馬德里議定書》(Madrid Protocol) 以來,南極作為自然保留區獲得全面環境保護;反觀北極,由於潛藏能源資源,碳氫化合物開採已為既成現實。即便如此,北極地區面臨高昂成本、多數資源集中於專屬經濟區以及環境風險,這些因素使得該區未來的經濟開發和引發衝突的可能性皆較小。至於東北與西北航道,在重重限制之下,尚難以成為全球航運的主幹道。

焦點

北極理事會 (Arctic Council) 於 1996 年《渥太華宣言》(Ottawa Declaration) 根據成立,是一個政府間合作論壇,旨在促進成員國之間在永續發展與環境議題 (如生物多樣性) 上的合作。理事會由八個北極地區國家組成:加拿大、丹麥 (代表格陵蘭與法羅群島)、美國、俄羅斯、芬蘭、挪威與瑞典。此外,理事會亦有六個原住民族團體為永久參與成員,並開放給其他國家與組織設有觀察員制度,開放給其他國家與組織。2021 年,共有 13 個國家 (如印度、法國與中國)、13 個政府間組織,如國際海事組織 (International Maritime Organization, IMO)、聯合國環境署 (United Nations Environment Programme, UNEP) 以及 12 個非政府組織,如世界自然基金會 (World Wide Fund for Nature, WWF) 具觀察員資格。理事會由成員國輪流擔任主席,任期兩年。2021 年起,俄國接替冰島擔任主席國,任期至 2023 年。

164 GÉOPOLITIQUE DES ÉNERGIES

北極地區碳氫化合物資源和開發

- 2010年海冰範圍
- 2070年預測海冰範圍
- 潛在新海運航線
- 碳氫化合物開採點
- 已知碳氫化合物儲量區域
- 已確認的海上邊界
- 專屬經濟區邊界（200海浬）
- 主權爭議區域
- 軍事基地

加拿大（阿拉斯加（美國））、格陵蘭（丹麥）、挪威、俄羅斯

西北航道、東北航道、北極圈、地理北極點

白令海、東西伯利亞海、拉普捷夫海、卡拉海、巴倫支海、格陵蘭海、波弗特海、拉布拉多海、哈德遜灣

400 公里

39
一帶一路：
經濟戰略背後的能源需求

「一帶一路」倡議被譽為自馬歇爾計畫以來最龐大的國際投資計畫，充分展現中國將經濟實力延伸至國境之外的戰略意圖。至 2015 年，此計畫涵蓋超過 65 個國家，約占全球 GDP 的三分之一、全球人口的 62%（約 46 億人），以及全球 60% 的石油與 80% 的天然氣儲量。到 2021 年，約有近 140 個國家與中國簽署了合作備忘錄。在這場經濟與戰略力量投射的背後，中國本身的能源依賴問題，是解讀這項倡議的關鍵所在。

連結性、走廊與合作

「一帶一路」計畫以「連結性」為核心概念，涵蓋基礎建設的建造（如天然氣管線、石油管線、公路與港口），並試圖協調各國的經濟政策，以促進區域間的商業、金融與人文整合。雖然中亞是初為中國投資的優先對象，但這項總領估計超過一兆美元的計畫，長期來看可能影響全球經濟格局。

此計畫分為兩大主軸：海上絲路與陸上絲路。前者由中國出發，經麻六甲海峽至蘇伊士運河，

166 GÉOPOLITIQUE DES ENERGIES

自 2017 年起再納入一條北極航線。

後者則涵蓋六條經濟走廊：中歐、中蒙俄、中亞路、事實上，自 2000 年代初以來，

中巴、中亞到中東、中蒙俄、中亞

中國便啟動「走出去」戰略，配合

印緬以及中國到中南半島走廊，這

2001 年加入世界貿易組織，積極開拓

種新世界秩序的構建，以「合作」

海外市場，加強對

作為主要敘事框架，中國企業將打

外投資與推動企業

造區域基礎建設鏈，以促進經濟交

國際化。2005 年至 2020 年間，中

流、技術傳播與當地社會經濟發

國在全球的對外投資總額高達 2 兆

展。

950 億美元，其中能源部門占比超

原物料走廊

過 35%（約 7,480 億美元），金屬

這項計畫核心邏輯之一，即

部門占 9%，農業部門則占 3%。

確保中國覓得能源，乃至更廣泛的原

因此，降低對原物料的依賴，近

物料需求得到穩定供應。作為證明，

20 年來始終是中國政府的政策重

經濟核心的中國，亞需透過多元

心之一。

交通網絡來確保資源運輸不受干

擾。自計畫醞釀之初，北京便力圖

「一帶一路」計畫展現了中國

將各類原物料輸往中國境內。早

的諸多野心：確保供應路線安全、

在 2015 年，中方的戰略構想就已

繞過麻六甲海峽、掌控經濟成長所

將能源與礦產資源運輸至國內作為

需能源流向，以及擴大國內能源企

區域合作的首要目標。這並非新策業勢力。中國企業的戰略佈局通常

不限於原物料市場的層次，正如能

源專家丹尼爾・尤金（Daniel Yergin）所

言，北京自 2000 年代中期便開始推動

的合約往往超越能源合作範疇、涵

蓋外交、安全與金融層面，並採用

「以物易物」形式，即以礦產資源

換取基礎建設，或以貸款形式提供

資金。

北京力圖將各類原物料輸往中國境內。

賴」——與多國簽訂

「建設性的相互依

要點

「一帶一路」是一項由中國主導、以中國為導向的大規模基礎建設投資計畫。此計畫標誌著中國對外開放戰略邁入新階段,並有助於展現全球影響力。能源項目在其中之所以扮演關鍵角色,正是因為「一帶一路」計畫有助於中國將各類原物料輸往境內,更廣泛調配原物料供應,以滿足中國經濟潛在成長所需。

焦點

原物料消費國擁有多種工具,可以改善供應管理。企業與各國政府可採取各種策略,包括:資源進口之多元化、將生產活動遷回本土、在本土建立戰略儲備、改善回收政策,以反外國直接投資。中國是全球最大原物料消費國,尤其依賴低碳技術所需的礦物與金屬,因此跟所有生產國建立了具體的合作策略。儘管這些中國對開發中國家的投資有助於當地經濟發展,卻也可能使部分經濟體過度依賴原物料產業(特別是非洲),從而阻礙該國產業邁向多元化。這樣的情況,可能導致一種與能源轉型原料需求相關的新型「資源的詛咒」現象。

「一帶一路」路線圖

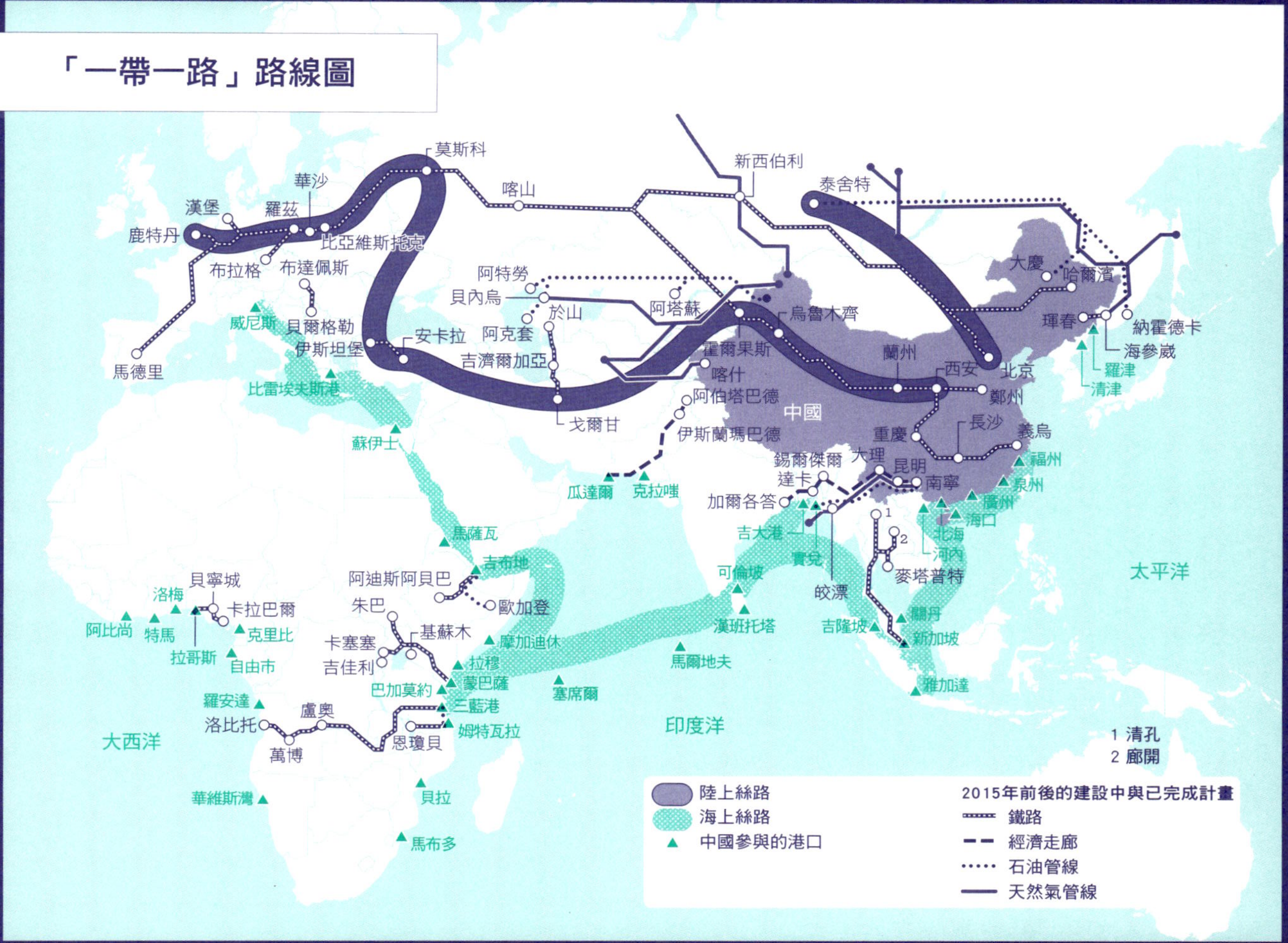

40 邁向節約能源的地緣政治？

實現碳中和的各種情境，大多依賴可再生能源的發展、能源效率的提升、以及二氧化碳捕捉與封存技術的推廣。然而，這些願景本身亦受到經濟（成本）、地緣政治（對戰略材料的依賴）、社會（對技術的接受度）以及行為層面（反彈效應）等多方面的限制。在全球能源轉型情境中，「節能」*始終是最被忽略的要素。節制與「去成長」的論述有所區別，它不等同於放棄經濟發展，而是有潛力成為一種國家的吸引力來源。

一種社會願景

節能意指透過集體實踐，減緩社會對能源與物質的消耗。它涵蓋多項可用來達成相關目標的實踐工具，包括使用上的節能（如優化設備使用、降低車速等）、共享節能（共享設備、如共乘）、尺寸節能（設備依使用需求而定）、結構節能（生活與工作空間的重新配置，減少交通距離）等。這些做法反映了一種以需求為核心的生活方式與社會結構調整。節能本身是一種社會價值觀，其核心意義在於適

度地調整整體消費行為。不是為了「消費得少」，而是「消費得巧」，並回應氣候危機所需求的迫切需求。

在技術層面，節能體現於所謂的「低技術」的實踐——即開發貼近實際需求的技術，避免產品過度設計並尊重地球的自然限制。「低技術」，要我們對日常用品的使用方式與技術習慣提出反思。例如，阿波羅11號登月任務五十週年時，便突顯出一件事實：iPhone 6 的運算速度，是當年登月任務電腦的1.2億倍；在今日一筆 Google 搜尋所需的運算能力，堪比1961至1972年之間全部17次阿波羅任務總和。低技術不僅是一種科技方法，更是一種拒絕讓科技凌駕人類的哲觀。這種理念受到印度的「jugaad精神」（直譯為「靈巧變通」）啟發，它主張儉與創造力，追求安全、低成本、符合實際需求的技術方案，而非盲目從眾，刺激過度消費。節制的邏輯觀點常遭到科技信仰者的質疑，因為它不僅挑戰了他們所秉持的「消費自由」核心價值。

目前所勾勒的經濟成長圖景，無法因應氣候緊急挑戰。

節能：打造領導力的新典範

當我們重新思考城市與空間的配置、日常生活的實踐方式，並放棄以「所有權」為核心的價值觀時，「節能」就驅使我們想像一種以「需求」為基礎的合作型、平等型新模式。這樣的社會型態，有助於讓各國擺脫追求無限經濟成長的迷思。——尤其在地球資源有限的現實下，能源與物料的儲量終將見頂。目前所勾勒的經濟成長圖景，無法因應氣候緊急挑戰，唯有集體動員參與節能，才能重新構建新的模式。節能的各項策略不僅能有效減少能源與物料足跡，也能成為國家圖強而有力的政策基礎。它能促進國家自主，提升能源安全，同時透過減少排放與污染，提升國際吸引力。節能所推崇的「生活得更好」觀點，可望成為與某些國家主張的「科技領導力」，齊頭並進的國際領導新模式。要實現這一目標，節能政策必須建構出可供個人與集體想像的替代情境，引導社會邁向「活得更好」的願景。

要點

目前的全球能源政策中,「節能」時常受到忽視,並被批評者視作「去成長」的論調,甚至遭到貶抑。但其實「節能」遠遠超越科技中心論的狹隘視角,它提出了一種基於倫理與合作的社會願景。節能或許可在國際間發展為一種國家吸引力的新典範,為全球秩序帶來「活得更好」而非「消費更多」的新模式。

焦點

面對地球的生態極限,永續發展與綠色成長的支持者提出「脫鉤」概念,亦即透過更高效、低耗能與低原料消耗的生產方式,來減少溫室氣體排放。所謂的「相對脫鉤」,是指 GDP 增長速度高於能源或材料的使用增幅,導致能源或材料強度(每單位 GDP 的消耗量)下降。而「絕對脫鉤」則是指:即使 GDP 繼續成長,能源與物料的實際消耗量仍絕對下降。儘管相對脫鉤在多個地區已有所實現,真正符合環境要求的「絕對脫鉤」卻僅在歐盟部分國家、而且僅限於短期內被觀察到。更值得注意的是:這種「脫鉤」,往往只是因本國排放減少,但同時伴隨著進口排放的增加,主要來自產業外移至新興國家。(見圖表)。

現今經濟成長與二氧化碳排放無法脫鉤

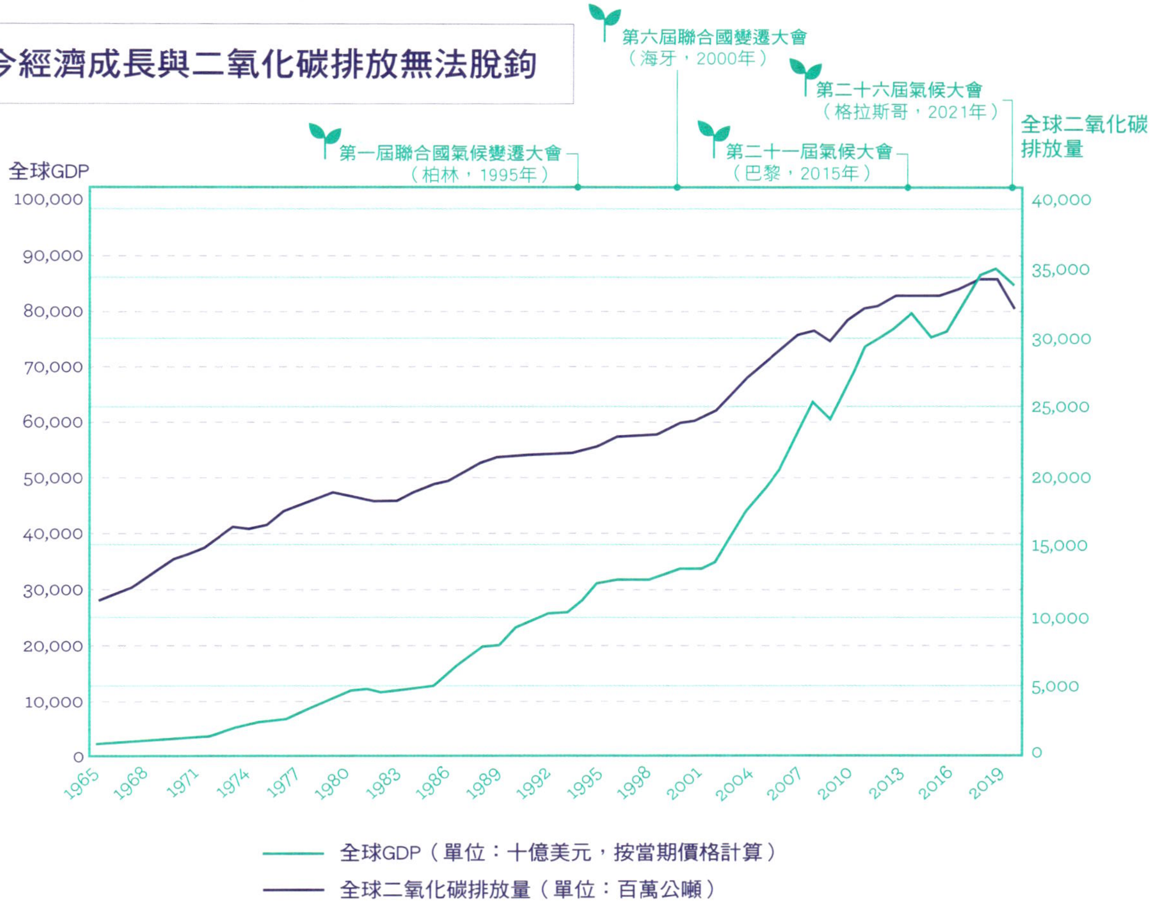

第一屆聯合國氣候變遷大會（柏林，1995年）

第六屆聯合國氣候變遷大會（海牙，2000年）

第二十一屆氣候大會（巴黎，2015年）

第二十六屆氣候大會（格拉斯哥，2021年）

—— 全球GDP（單位：十億美元，按當期價格計算）
—— 全球二氧化碳排放量（單位：百萬公噸）

全球GDP: 0, 10,000, 20,000, 30,000, 40,000, 50,000, 60,000, 70,000, 80,000, 90,000, 100,000

全球二氧化碳排放量: 0, 5,000, 10,000, 15,000, 20,000, 25,000, 30,000, 35,000, 40,000

年份：1965, 1968, 1971, 1974, 1977, 1980, 1983, 1986, 1989, 1992, 1995, 1998, 2001, 2004, 2007, 2010, 2013, 2016, 2019

專有名詞對照表

能源組合：涵蓋所有用於滿足一地區能源需求的初級能源種類與比例。

再生能源：被視為在人類有生之年不會枯竭的能源類型，如風能、太陽能、水力、生質能與地熱。這些能源排放的溫室氣體與廢棄物極低。

低碳技術：所有可協助減少電力結構與運輸產業碳排放的技術，例如太陽能、風能、核能與電動車。

稀土：包含17種稀有金屬，例如釓、釔和15種鑭系元素等，對高科技與低碳技術產業至關重要。

初級能源：自然界中在任何轉換過程之前可直接取得的能源，包括儲存型能源（煤、天然氣、鈾、石油）與可再生的流動型能源（風能、太陽能、地熱、水力等）。

低碳能源：包含所有可再生能源與核能，被視為排碳量低，有助於能源系統的脫碳轉型。

核能：來自鈾原子裂變所釋放的熱能，此過程在核能（原子能）電廠中受到控制，用以生產電力。

水力發電：將河流、湖泊或潮汐的動能轉化為電能的可再生能源。

去碳化：指各國政府與企業採取的減碳行動，例如減少使用排放大量溫室氣體的化石燃料（如二氧化碳、甲烷）或將二氧化碳封存於地底。

潔淨能源：聯合國在2030年永續發展目標中以「潔淨且可擔當的能源」定義，泛指較不會排放溫室氣體或產生廢棄物之能源。

水資源壓力：指水資源供應低於需求的危機狀況。

溫室氣體：泛指所有會阻擋地球紅外線輻射的氣體（如二氧化碳、甲烷、一氧化二氮、對流層臭氧與水蒸氣等），其濃度上升會加劇溫室效應，導致全球暖化。

能源政策：指一國政府對能源消費、生產與進口的總體規劃與管理策略，包括去碳化、能源效率與其相關產業（如研發、補貼）的支持措施。

能源效率：這是一項能源政策工具，聚焦於透過技術

174 GÉOPOLITIQUE DES ÉNERGIES

與政策手段，在不降低能源服務的情況下減少能源使用，例如建築隔熱、照明升級或車輛節能。

非常規石油：以非傳統技術（如油砂、重油、頁岩油）開採的石油。

已探明儲量與產量比：能源產業中常用的比例，用以估算剩餘可生產的年限。

電力組合：指的是在特定地理區域內，用於生產電力的所有能源的組成與比例。

液化天然氣：天然氣經冷卻至零下160度所轉換成的液態形式。

公正轉型機制：是針對特定地區、產業或行動者的支持方案，目標是協助他們減緩低碳轉型所帶來的影響。該機制由歐盟執委會提出，在2021至2027年期間提供約550億歐元的資金支持。

碳邊境調整機制：針對來自排碳法規較寬鬆國家的進口商品課徵碳關稅，促使他們制定與盟相當的碳定價政策。

紅線協定：1928年在蘇格蘭阿克納卡里城堡達成的協議，由美國紐澤西標準石油公司、皇家荷蘭殼牌與英波石油公司簽訂，隨後加上另外四家石油公司（加州標準石油、紐約標準石油、海灣石油與德士古），形

成後來的「七姊妹」石油卡特爾。

布蘭特原油：在歐洲及多個國際石油交易市場上，用來定價的基準原油品種。

西德州原油：一種原油價格指標，主要用於美國市場是全球石油定價的重要參考。

燃油汽車：以化石燃料為動力來源的車輛類型，目前仍占全球汽車大宗。

氫氣生產：氫氣可透過天然氣重組、水和電力（水電解）或氯化等方式產出。

專屬經濟海域：源於1982年《聯合國海洋法公約》，沿海國在此範圍內擁有能源資源探勘與開發的主權。

南極條約環境保護議定書：1991年於馬德里簽署，1998年生效，規範兩極洲的全面環境保護。

節能：指透過個人或集體改變行為，自主減少能源消耗的方式。

專有名詞對照表　175

參考書目

全書及報告

Agence internationale de l'energie (AIE), *Net Zero by 2050, A Road Map for the Global Energy Sector*, 2021.

Agence internationale de l'energie (AIE), *World Energy Outlook*, 2018, 2019, 2020.

Agence internationale de l'energie (AIE), Agence internationale pour les energies renouvelables (IRENA), Departement des affaires economiques et sociales des Nations unies (Undesa), Banque mondiale, Organisation mondiale de la sante (OMS), *Tracking SDG 7: The Energy Progress Report*, World Bank, 2021.

Agence internationale pour les energies renouvelables (IRENA), *A New World: The Geopolitics of the Energy Transformation*, 2019.

Bhattacharyya, S.C., *Energy Economics: Concepts, Issues, Markets and Governance*, Springer, 2011.

Bihouix, P., *L'age des Low Tech*, Le Seuil, coll. «Anthropocene», 2014.

Billion, D., *Geopolitique des mondes arabes*, Eyrolles, 2021.

El Gamal, M.A., Jaffe, A.M., *Oil, Dollars, Debt and Crises*, Cambridge University Press, 2010.

European Commission, *Critical Raw Materials for Strategic Technologies and Sectors in the EU. A Foresight Study*, 2020.

Galland F., *Guerre et eau. L'eau enjeu strategique des conflits modernes*, Robert Laffont, coll. «Le monde comme il va», 2021.

Hache, E., «Énergie: Transitions et Recompositions», *Revue internationale et strategique (RIS)* n° 104, hiver 2016.

Hache, E., Carcanague, S., (Sous la directionde), «Transport et Infrastructures: developpement, desenclavement,puissance», *Revue internationale et strategique (RIS)* n° 107, automne 2017.

Hache, E., Carcanague, S., (Sous la direction de), «La geopolitique de la transition energetique», *Revue*

Hansen J.-P., Percebois J., *Énergie, Économie et Politiques*, De Boeck, 2011.

Maddison, A., *Contours of the World Economy I-2030 AD. Essays in Macro-Economic History*, Oxford University Press, 2007.

Meadows, D.H., *The Limits to Growth*, Universe Book, 1972.

Mitchell, T., *Carbon Democracy: Political Power in the age of oil*, Verso, 2013.

Noreng, O., *Crude Power*, I.B. Tauris, 2005.

Passet, R., *L'économique et le vivant*, Dunod, 1977.

OCDE, *Global Material Resources Outlook to 2060. Economic drivers and Environmental Consequences*, Editions OCDE, 2018.

Programme des Nations unies pour le développement (PNUD), *Rapport sur le développement humain 2020. La prochaine frontière, Le développement humain et l'Anthropocène*, New York, 2020.

Scholten, D. (Ed), *The Geopolitics of Renewables*, Springer, 2018.

USGS, *Mineral Commodity Summaries*, https://www.usgs.gov/centers/nmic/mineral-commodity-summaries, 2021.

Valantin, J.-M., *L'aigle, le dragon et la crise planétaire*, Le Seuil, coll. « Anthropocène », 2020.

Vidal, O., *Matières premières et énergie: les enjeux de demain*, ISTE Editions, coll. «Énergie», 2018.

Yergin, D., *The Prize: The Epic Quest for Oil, Money, and Power*, New York: Si, 1992.

Yergin, D., *The Quest: Energy, Security, and the Remaking of The Modern World*, Penguin Press, 2011.

Yergin, D., *The New Map: Energy, Climate, and The Clash of Nations*, Penguin Press, 2020.

期刊文章

Carcanague, S., Hache, E., «Les infrastructures de transport, reflet d'un monde en transition», *Revue internationale et stratégique (RIS)* n° 107, automne 2017, p. 53-60.

Fosse, F., Hache, E., Portenart, P., «Le retour des fusions et acquisitions dans le secteur des hydrocarbures», *Revue de l'Énergie*, n° 628, octobre-décembre 2015.

Hache, E., « La diplomatie des ressources au cœur de la relation Chine-États-Unis?», *Revue internationale et stratégique (RIS)* n° 113, printemps 2019.

stratégique (RIS) n° 120, hiver 2020, p. 49-58.

Hache, E., «Chine: de la pétro-diplomatie à la diplomatie verte», Revue international et stratégique (RIS) n° 115, automne 2019, p. 127-137.

Hache, E., Carcanague, S., Bonnet, C., Seck, G., Simoën, M., «Vers une géopolitique de l'énergie plus complexe?», Revue internationale et stratégique (RIS) n° 113, printemps 2019, p. 73-81.

Hache, E., «La Chine, nouveau laboratoire écologique mondial?», Revue internationale et stratégique (RIS) n° 113, printemps 2019, p. 133-143.

Hache, E., «Les dimensions énergétiques des routes de la Soie», in Les nouvelles routes de la Soie. Géopolitique d'un grand projet chinois, Lasserre, F., Mottet, E., Courmont, B., (Sous la direction), Presse de l'Université du Québec, 2019.

Hache, E., Bourcet, C., «L'Inde a-t-elle besoin de devenir industrielle pour devenir une grande puissance mondiale?», Revue internationale et stratégique (RIS) n° 106, 2017.

Hache, E., Rol, S., «Géopolitiques chinoises internationales. Nouvel accord du Quincy ou consensus de Pékin?», Revue internationale et stratégique (RIS) n° 105, 2017.

Hache, E., Simoën, M., «La politique énergétique pour l'administration Trump: la rupture est-elle possible?», Revue de l'Énergie n° 634, novembre-décembre 2016, p. 5-16.

Hache, E., Bourcet, C., «La Chine en passe de devenir le leader mondial du combat pour le climat», Revue de l'Énergie n° 634, novembre-décembre 2016, pp. 63-71.

Hache, E., « Un nouvel âge de ruptures sur les marchés de l'énergie?», Revue internationale et stratégique (RIS) n° 104, 2016.

Hache, E., « L'Opep peut-elle survivre dans un monde d'abondance pétrolière?», Revue internationale et stratégique (RIS) n° 104, 2016.

Hache, E., Leboullenger, D., «Y a-t-il un banquier pour sauver le climat?», Revue de l'Énergie n° 633, septembre-octobre 2016, p. 350-357.

Hache, E., «La géopolitique des énergies renouvelables : amélioration de la sécurité énergétique et/ou Nouvelles dépendances?», Revue internationale et stratégique (RIS) n° 101, 2016.

Hache, E., «L'Opep, les compagnies internationales, les

compagnies nationales : qui gouverne la scène pétrolière mondiale?», *Revue de l'Énergie* n° 629, janvier-février 2016.

Hacquard, P., Simoën, M., Hache, E., «Is the oil industry able to support a world that consumes 105 million barrels of oil per day in 2025?», *Oil and Gas Science and Technology Journal*, 74, 88, 2019.

圖表與資料來源目錄

全球初級能源消耗量（1965 至 2020 年） ……… 11
來源：英國石油公司《世界能源統計年鑑 2021》

2019 年全球各國人口用電覆蓋率 ……… 15
來源：世界銀行 2021 年年度報告

人均國內生產毛額（GDP）、人口、能源出口占總出口比重與人類發展指數（HDI）：縱覽各國不同狀況 ……… 19
來源：世界銀行、聯合國開發計畫署

世界能源理事會的能源三難指標 ……… 23
來源：世界能源理事會

已探明的石油儲量（按地區分布） ……… 27
來源：英國石油公司《世界能源統計年鑑 2021》

再生能源裝置容量的投資金額（小於 50 兆瓦的太陽能、風力、水力、單位：十億美元） ……… 31
來源：聯合國環境署、彭博新能源財經（Bloomberg New Energy Finance），作者依 2020 年與 2021 年估值整理。

尼羅河流域 ……… 35
來源：《外交世界》（Monde diplomatique）引自〈衣索比亞：一座受到質疑的巨大水壩〉，《國際通訊》（Courrier International），2020 年 1 月 17 日

2020 年全球各地區與主要國家的天然氣儲量占比（%）和儲產比（R/P） ……… 39
來源：英國石油公司《世界能源統計年鑑 2021》

全球反應爐建設概況 ……… 43
來源：國際原子能總署，《世界核能反應爐》，2021 年出版

2020 年全球煤炭儲量與生產占比（以百分比計算） ……… 47
來源：英國石油公司《世界能源統計年鑑 2021》

全球能源互聯網計畫示意圖 ……… 53
來源：全球能源互聯網發展合作組織（GEIDCO）

美國自 1970 年以來的碳氫化合物產量 ……… 57
來源：英國石油公司《世界能源統計年鑑》，美國能源部

180　GÉOPOLITIQUE DES ÉNERGIES

歐洲綠色政綱 ……61
來源：歐盟委員會

印度跟世界能源平均指標對照圖表（2000年與2019年）……65
來源：國際能源總署，2021

油價驅動俄國經濟成長示意圖 ……69
來源：世界銀行、美國能源部

俄國與日本之間的千島群島主權爭議 ……73
來源：《日本跟俄國爭奪的千島群島長什麼樣？》，《西法新聞報》（Ouest France），2019年12月19日

沙烏地阿拉伯的石油生產與消費量（單位：百萬桶／日）……77
來源：英國石油公司《世界能源統計年鑑2021》

伊朗的地緣戰略環境 ……81
來源：比永（Billion, D.），《阿拉伯世界地緣政治》，艾羅勒（Eyrolles）出版社，2021年。根據《戰略年鑑2012》，巴黎·IRIS／阿爾芒·柯林（Armand Colin）出版社，2013年。

非洲、亞洲與全球人均二氧化碳排放量 ……85
來源：國際能源總署

巴西與美國的生質燃料生產概況，南美洲在全球生質燃料生產占比示意圖 ……89
來源：英國石油公司《世界能源統計年鑑2021》

OPEC成員產油概況（截至2021年1月31日）……95
來源：世界銀行、英國石油公司《世界能源統計年鑑2021》、石油輸出國組織

能源產業機構範例 ……99
來源：各組織網站

石油市場及國際（IOC）和國家（NOC）石油公司的時間表 ……103

全球前12大銀行對化石燃料領域的融資金額 ……107
來源：氣候金融非營利組織Reclaim Finance，《氣候金融風險報告》，2022年版，www.bankingonclimatechaos.org

主要上市國家公司 ……111
來源：作者整理自網上數據：www.nationaloilcompanydata.

歐元兌美元匯率變化與賣質石油價格走勢 ……115
來源：美國能源部、路易斯安那州儲備銀行、世界銀行

亞洲與中國在全球石油消費中的占比 ……119

圖表與資料來源目錄　181

2022 年各國氫能發展策略 149
來源：世界能源理事會，2022 年 5 月

2020 年全球鋰產量與儲量 153
來源：美國地質調查局

電動車電池供應鏈與各國市占率 157
來源：歐盟委員會，《關鍵原物料戰略清單》，2020 年

東地中海的領海爭端 161
來源：〈希土自 2016 年以來首度重啟對話〉，《世界報》，2020 年 9 月 22 日

北極地區碳氫化合物資源和開發 165
來源：安德烈亞斯．奧斯塔根（Andreas Østhagen），《北極地區氣與地區角色》，http://www.thearcticinstitute.org，2013 年 10 月 24 日

「一帶一路」路線圖 169
來源：蘭德公司，《北京視角下的新世界地圖》，《世界報》，2019 年 4 月 25 日

現今經濟成長與二氧化碳排放無法脫鉤 173
來源：英國石油公司《世界能源統計年鑑》，世界銀行

來源：英國石油公司《世界能源統計年鑑 2021》，作者估算

2000 年以來石油與天然氣價格走勢（每月平均）.. 123
來源：世界銀行

全球主要原物料交易所與合約交易數量 127
來源：世界交易所聯合會（World Federation of Exchanges），2021 年

全球主要的石油貿易戰略要道 131
來源：布魯諾．泰特萊絲（Bruno Tertrais），〈海賊地緣政治新局〉，《L'Express》，2021 年 4 月 14 日

各國碳中和目標一覽 137
來源：英國智庫網站「能源與氣候智慧部門」（Energy and Climate Intelligence Unit），《淨零觀察報告》，https://eciu.net/netzerotracker

北溪天然氣管線計畫 141
來源：尚皮耶．斯特胡班（Jean-Pierre Stroobants）、福斯汀．范柔（Faustine Vincent）等，〈北溪 2 號〉，歐洲新導火線〉，《世界報》（Le Monde），2021 年 2 月 26 日

全球核能廠分布圖 145
來源：國際能源總署，〈福島事故後的世界核能地圖〉，《世界報》，2021 年 3 月 11 日

182　GÉOPOLITIQUE DES ÉNERGIES

「地緣政治」系列：理解世界不可或缺的指南

危機、戰爭、外交事件……大國之間的博弈充斥在每日的新聞中，《地緣政治》系列提供了理解當今世界不可或缺的關鍵鑰匙。本系列呈提供給充滿熱情、滿懷好奇或是一知半解的讀者的一塊入門磚，專家作者在淺顯易懂的專題文章剖析當代重大議題，讓讀者輕鬆掌握事件緣起、挑戰、問題和未來展望。

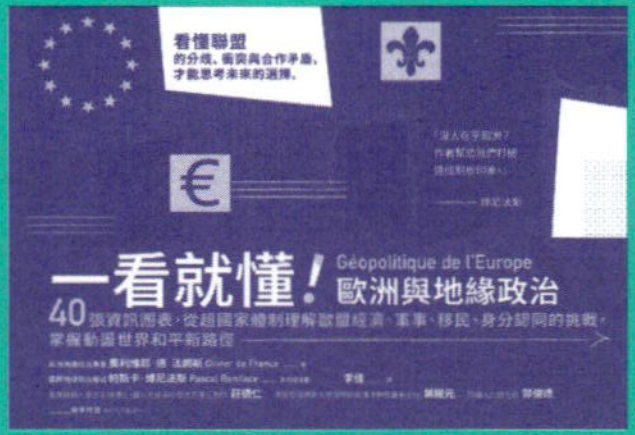

一看就懂！能源與地緣政治：40張資訊圖表，從化石燃料、減碳到再生能源困境，解析資源爭奪與區域競爭，如何牽動全球權力新賽局

Géopolitique des Énergies

作　　　者	伊曼紐爾・哈許 Emmanuel Hache
責任編輯	姜盈謙 方之鴿
版　　　權	游晨瑋、吳亭儀
行銷業務	林秀津、周佑潔、林詩富、吳淑華、吳藝佳
總　編　輯	程鳳儀
經　　　理	彭之琬
事業群總經理	黃淑貞
發　行　人	何飛鵬
法律顧問	元禾法律事務所 王子文律師
出　　　版	商周出版
	城邦文化事業股份有限公司
	台北市南港區昆陽街16號4樓
	電話：(02) 2500-7008　傳真：(02) 2500-77598
	E-mail：bwp.service@cite.com.tw
發　　　行	英屬蓋曼群島商家庭傳媒股份有限公司城邦分公司
	台北市南港區昆陽街16號8樓
	書虫客服服務專線：(02) 25007718・(02) 25007719
	服務時間：週一至週五 09:30-12:00・下午 13:30-17:00
	24小時傳真專線：(02) 25001990・(02) 25001991
	服務時間：週一至週五 09:30-12:00・13:30-17:00
	劃撥帳號：19863813　戶名：書虫股份有限公司
	讀者服務信箱 E-mail：service@readingclub.com.tw
	城邦讀書花園 www.cite.com.tw
香港發行所	城邦（香港）出版集團有限公司
	香港九龍土瓜灣土瓜灣道86號順聯工業大廈6樓A室
	電話：(852)2508-6231　傳真：(852)2578-9337
	Email：hkcite@biznetvigator.com
馬新發行所	城邦（馬新）出版集團【Cite (M) Sdn. Bhd.】
	41, Jalan Radin Anum, Bandar Baru Sri Petaling,
	57000 Kuala Lumpur, Malaysia
	電話：(603) 90563833　傳真：(603) 90576622
	Email：services@cite.my
封面設計	徐璽設計工作室
電腦排版	唯翔工作室
印　　　刷	韋懋實業有限公司
經　　　銷	聯合發行股份有限公司　電話：(02) 2917-8022　傳真：(02) 2911-0053
	地址：新北市新店區寶橋路235巷6弄6號2樓

■ 2025年8月19日初版

定價／480元

ISBN：978-626-390-628-0

版權所有・翻印必究

Printed in Taiwan

城邦讀書花園
www.cite.com.tw

國家圖書館出版品預行編目資料

一看就懂！能源與地緣政治：40張資訊圖表、從化石燃料、減碳到再生能源困境，解析資源爭奪與區域競爭，如何牽動全球權力新賽局／伊曼紐爾・哈許（Emmanuel Hache）著；姜盈謙譯. -- 初版. -- 臺北市：商周出版：英屬蓋曼群島商家庭傳媒股份有限公司城邦分公司發行, 2025.08

面；　公分

譯自：Géopolitique des Énergies.

ISBN 978-626-390-628-0(平裝)

1.CST: 能源經濟　2.CST: 地緣政治　3.CST: 國際關係

554.68　　　　　　　　　　　　114010271

Original French title: Géopolitique des Énergies
© 2022, Éditions Eyrolles, Paris, France
Chinese complex characters edition arranged through The Grayhawk Agency
Complex Chinese translation copyright © 2025 by Business Weekly Publications, a division of Cité Publishing Ltd.
All rights reserved.